保育実践に求められる
子ども家庭支援

橋本好市/直島正樹 編著

ミネルヴァ書房

まえがき

　保育現場において，複雑化する保護者の保育ニーズに対応していくための方法の一つとして，ソーシャルワークの「援用」が求められていることに伴い，保育所及び保育者の役割と業務（専門性）は高度化・広範化している。

　保育者は，子どもと保護者に最も身近な第三者として寄り添うことのできる子育てに関わる専門職である，ということは論を俟たないであろう。したがって，保育者には，保護者の声なき声に耳を傾け，適切な応答や相談・支援と情報提供，職員間での情報共有等が不可欠となる。そして保育所には，子育てニーズに対応できる機関として，職場内のチームプレイによる関係機関や社会資源との機能的・有機的協働・連携を担う貴重な役割を地域の中で果たしていく，という自覚が求められる。ゆえに、子どもの保育という第一義的行為（責任）を通して保護者の子育てを支えていく，という認識に基づき関係機関との連携を図りつつ，保育所及び保育者はその役割・機能・専門性等を発揮していかなければならない。

　このような保育所及び保育者への社会的期待を担うために，新たな保育士養成課程が2019（令和元）年度から始まった。新養成カリキュラムでは「子ども家庭福祉」「子ども家庭支援論」「子ども家庭支援の心理学」「子育て支援」など，保護者に対する子育て支援を焦点化した科目構成となった。

　また，保護者への支援について「保育所保育指針解説」（2018年）では，保育者がソーシャルワーク理論を理解し，保護者（保育所利用の有無にかかわらず）と地域への支援にあたることを求めている。そのため本書は，養成課程教科目「子ども家庭支援論（講義科目）」にも対応したテキストとして，子どもと保護者，家庭に関わる子育て支援のあり方について理論的・実践的理

i

解を深めてもらうことを目的に編集している。編集にあたり留意した点は，ソーシャルワークの要素を多分に取り入れた内容としたこと、読者にとって必要なこと・知りたいことが主体的に学び，理解でき，実践へ応用できるようにしたこと，である。

　また，本書では以下の方針に基づき，用語の統一を図っている。

① 本書では，保育士をはじめ保育教諭など職場により呼称が異なることを踏まえ，それらを総称して「保育者」という表現を用いている。
② 本書に示す「保育所」とは，保育所・小規模保育所・幼保連携型認定こども園等，保育者が業務を遂行する場を指している。
③ 本書において，「保育所保育指針」とは平成29年厚生労働省告示第117号（2018（平成30）年4月1日適用）の指針を指し，「保育所保育指針解説」とは，厚生労働省から2018（平成30）年2月に発行されたものを指している。

　日本の子どもに関する社会的動向を見ると，出生数の減少傾向にある一方で，待機児童解消という相反する課題がある。さらに，認定こども園などの創設によって保育士や幼稚園教諭などの専門性や資格制度も議論の余地が残されている。言い換えれば，当該領域の10年先さえもが不透明な時代ともいえる。しかしながら，保育者という専門職が，子どもや保護者，地域・社会に対して子どもの最善の利益を基盤に実践していくことの重要性については，いつの時代であっても変わらない・変えられない点である。

　最後に，子どもたちの生活基盤が盤石であることが，子どもの生命と発達，人権保障への第一歩である。子どもの生活の安定への努力と，その保護者を理解し寄り添っていくことが保育専門職の命題であり，保育実践がその重要な役割を担っているのである。本書がその一助となれば幸甚である。

　本書の発刊にあたり，企画・編集・校正等など多大なるご支援をいただい

たミネルヴァ書房編集部音田潔氏に，この場をお借りして心より感謝申し上げる。

2019年9月

編　　者

目　　次

まえがき

第1章　子ども家庭支援の意義・役割‥‥‥‥‥‥‥‥‥‥‥‥‥ 1

　　1　保育者として子ども家庭支援を実践するために ‥‥‥‥‥‥‥‥ 2

　　2　法的根拠に基づく子ども家庭支援 ‥‥‥‥‥‥‥‥‥‥‥‥‥ 7

　　3　保育所保育指針・全国保育士会倫理綱領からみた子ども家庭支援‥‥ 10

　　4　ソーシャルワークと子ども家庭支援 ‥‥‥‥‥‥‥‥‥‥‥‥ 13

　　5　子ども家庭支援をめぐる概念 ‥‥‥‥‥‥‥‥‥‥‥‥‥‥ 17

　　6　本章のまとめ ‥‥‥‥‥‥‥‥‥‥‥‥‥‥‥‥‥‥‥‥ 20

第2章　子ども家庭支援をめぐる歴史的あゆみ ‥‥‥‥‥‥‥‥‥ 27

　　1　子どもと家庭 ‥‥‥‥‥‥‥‥‥‥‥‥‥‥‥‥‥‥‥‥ 27

　　2　子ども家庭支援の温故知新──先人たちの取り組みを手がかりに‥‥ 41

　　3　本章のまとめ ‥‥‥‥‥‥‥‥‥‥‥‥‥‥‥‥‥‥‥‥ 51

第3章　子ども家庭支援に関わる法律・制度‥‥‥‥‥‥‥‥‥‥ 55

　　1　子ども・子育てに関わる法律体系 ‥‥‥‥‥‥‥‥‥‥‥‥ 55

　　2　子どもと子育て家庭への支援施策の流れ ‥‥‥‥‥‥‥‥‥‥ 63

　　3　子ども・子育て支援施策に関わる施策の課題 ‥‥‥‥‥‥‥‥ 67

　　4　本章のまとめ ‥‥‥‥‥‥‥‥‥‥‥‥‥‥‥‥‥‥‥‥ 67

v

第4章　子ども家庭支援におけるソーシャルワーク……………71

1 子ども家庭支援とソーシャルワーク………………………71

2 保育所におけるソーシャルワークの機能・役割と支援の対象……75

3 海外の保育者とソーシャルワーク…………………………78

4 ソーシャルワークを援用した子ども家庭支援と保育者の役割……83

5 本章のまとめ……………………………………………89

第5章　保育者の専門性と基本的態度………………………93

1 子ども家庭支援の必要性と保育所における子育て支援…………93

2 保育者の価値と倫理……………………………………99

3 子ども家庭支援における保育者の基本的態度………………100

4 本章のまとめ……………………………………………103

第6章　社会資源と地域のネットワーク……………………107

1 保護者の子育てと家庭を支える社会資源……………………107

2 子どもと保護者・家庭を支える地域のネットワーク……………117

3 すべての子どもを支える地域のネットワーク………………121

4 本章のまとめ……………………………………………124

第7章　保育者による子ども家庭支援の実際………………129

1 保育所を利用する子どもの家庭への支援……………………129

2 地域の子育て家庭への支援……………………………141

3 障害児のいる家庭への支援……………………………152

4 子どもの虐待問題を抱えた家庭への支援……………………162

5 ひとり親家庭・ステップファミリーへの支援………………175

6 外国籍の子どものいる家庭への支援…………………………180

目　次

7 DV被害を受けている母子への支援 ……………………………182

8 本章のまとめ …………………………………………………189

第8章　これからの子ども家庭支援──課題と展望……………195

1 子ども・子育て家庭をめぐる現状と課題………………………195

2 今後の子ども家庭支援のあり方 ………………………………199

3 本章のまとめ …………………………………………………211

索　引

コ ラ ム

1　生きる価値にランクはあるのだろうか　25

2　法政大学大原社会問題研究所　53

3　悪いのは妖怪のせい？　69

4　「子育て」っていつまで？　92

5　選択的シングルマザー（SMC）　105

6　子育て支援サービス　127

7　児童養護施設からの家庭復帰とケースカンファレンス　193

8　お母さんと母子生活支援施設の職員の関わり　214

vii

第1章	子ども家庭支援の意義・役割

学びのポイント

　保育所保育指針改定に伴い，保育所における幼児教育のあり方にも焦点化したことは周知の通りである。加えて，保育士の役割，支援の範囲・対象，業務（専門性）は，日常の保育にとどまらず支援を要する保護者（家庭）・地域へと広がりを見せている。

　その背景には，保護者の養育環境が近年急激に変化してきたことが挙げられる。子育て家庭の核家族化・共働き世帯の増加，就労と子育ての両立の難しさ，保育所への待機児童問題，一人親家庭の増加と経済的格差や子どもの貧困，出生数激減と人口減少問題，児童虐待件数の増加傾向などといった，保護者の子育てにまつわるストレスや問題は後を絶たないことが挙げられる。

　「子どもは社会と未来の財産」と語られるのであるならば，保護者の子育てに関する多様なメッセージや SOS を受け止め，共感し，保護者の子育てを支えてくれる存在が身近に必要となろう。もちろん，親族や地域にそのような存在がいることが理想である。しかし，そうでない場合や，専門的なアドバイスや支えを受けたい場合など，保護者が気軽に相談できる専門職の存在が鍵となる。その職種の一つに保育者があり，保育所での保育を担うだけでなく，子どもとの関わりを通して保護者に寄り添い，その困難を理解し，支援できる職能を備えた者として，社会が期待を寄せている。

　このように保育者（所）が取り組む支援などに社会の期待が高まるにつれ，保育者には相応な実践力を身に付けておく努力が求められる。つまり，保育という営みは，保護者に代わって日々の保育を第一義的に保障しつつも，子どもとその背景にある保護者・親子関係・家庭状況・地域を視野に，子どもの最善の利益を保障していくことのできる保護者・家庭への支援が理想となる。

　本章では，子どもと家庭（保護者）への支援について，保育者の役割を整理し，ソーシャルワーク理論を「援用」した専門職としての立ち位置，援助・支援の枠組みを確認しつつ，その意義とあり方について確認していく。

1 保育者として子ども家庭支援を実践するために

(1) 社会福祉の観点に基づく対象[(1)]の理解

日本国憲法第25条には、すべての国民が人間らしく生きる権利「生存権」を認め、かつ国家責任としての社会福祉・社会保障等の向上・増進に関する努力義務が規定されている。つまり、国民の幸福についての責任は国家にあるため、その方策を向上させる努力も国家に課されている。したがって、福祉サービスにアクセスできる権利はすべての国民に保障されている。

児童の権利保障策の一つに社会福祉理念を基盤とする児童家庭福祉があり、児童福祉法を根拠に、保育所・幼保連携型認定こども園・保育士が成り立っている。保育者が拠って立つ倫理・人間観・専門性などの基盤は社会福祉の考え方を背景としているため、保育者の対象は、社会福祉の観点に基づくものとなる。

「社会福祉の対象」について岡村重夫は「社会福祉の援助を受ける対象者のことではない。『対象』とは、社会福祉的援助の取り上げるべき問題であり、『対象者』は人間の集団である[(2)]」と述べている。つまり、社会福祉の「対象」とは、「対象者」となる者の社会生活上の困難や課題を意味し、「対象者」とは、その状況下にある当事者または集団そのものを指すのである。

次に岡村は、すべての個人が社会生活上の基本的要求を充足するために社会制度との間に取り結ぶ関係を「社会関係」というと説明し、「対象者の社会関係の困難を生活困難として把握するところに社会福祉固有の対象領域が開ける」と指摘し、「人は社会関係を持つことによって、初めて具体的な生活の主体者となることができる」と述べている[(3)]。

さらに、社会福祉における「生活」とは「個人が社会生活上の基本的要求に関連する社会制度を利用することによって充足させる過程であり、個人と社会制度とのつながり『社会関係』によって初めて成立する。社会福祉の問

題とする『生活』とは社会関係すなわち個人の社会生活にほかならない[4]」と岡村は言明している。したがって，「生活」とは社会関係との交わりにおける個人の「社会生活」を意味し，「生活困難」とは社会生活上に起こる困難を意味している，と整理できる。

　社会福祉が「社会生活上の困難」を焦点化するということは，社会的存在としての人間という立場から対象者の生活を捉えることに依拠しているためである。社会的人間というものは，社会的存在ないし共同体的存在としての人間といえる。なぜなら，個人は必ず社会関係の中に位置している。したがって，個人を社会的存在として捉えた上で，個人が社会生活を営むための社会関係を踏まえた支援を考慮しなければならない。個人が社会関係から切り離された場合，生活者ということはできない。ましてや，社会関係から切り離された社会制度は，対象者にとって意味をなさなくなり，当事者の生活そのものとは言い難くなる。現実的な生活行為となるには，個人が社会制度に関連し合い，それらと社会関係を持つことでようやく生活の主体者となり，主体としての生活行為が成り立つのである。

　このように，社会福祉では，個人の内面や身体的側面などの部分に焦点を絞るのではなく，例えば「貧困」「貧困者の生活」「病気」ではなく「病気を抱えた人の生活」に視点を広げることが重要となる。利用者の抱える困難とその背景である社会関係にみられる因果関係との全体を通した調和のとれた支援を提供していかなければならない。そのためには，当事者の社会関係を焦点化し，社会関係が成立し得ない生活困難の誘因となっている状況を捉え，社会関係及び生活主体者としての全体的調和を図りつつ介入していくことに，社会福祉固有の対象が明らかとなっていくのである。つまり，社会関係の主体である当事者の生活困難を理解するということは，生活者そのものの理解でもある。この視点は，各関連制度・状況などを当事者の生活から理解していくことにもつながる。それは，生活当事者と同じ立場に立つということであり，社会福祉的理解を手がかりに当事者の生活困難を解決するための支援

へとつながるのである。

　子どもの福祉に関わる保育者が子どもを捉えるということは，子ども自身・子どもの生活・保護者との関係・子どもと保護者の生活（家庭）・家庭地域との関係（社会関係）などの観点から見つめ直すことである。それら全体的把握によって，子どもと家庭（保護者）への有効な支援が可能となるのである。

（2）保育者が子どもの家庭を支援する意義

　社会福祉には，対象者となる困難を抱える個人や集団，対象となる社会生活上の困難状況と社会関係を含め，それらの相互作用に介入し調整していく。つまり，各種社会システムへの介入を通じて，社会的存在である当事者の生活上の要求を充足するために支援していくことが社会福祉の固有性と専門性であろう。

　社会福祉のこのような固有性の一端を担う保育士という専門職について，児童福祉法第18条の 4 で「保育士の名称を用いて，専門的知識及び技術をもつて，児童の保育及び児童の保護者に対する保育に関する指導を行うことを業とする者」と定義している。その主たる行為は，子どもの保育（ケア）を第一義的業務としつつ，保護者に対する保育に関する「指導」にはケアの枠組みを超えた行為が求められる。ここでいう「指導」とは法律用語であるため，法的解釈をすると，保護者に対する専門的理論に基づく助言（アドバイス）・指示・支持・共感・見本・情報提供等の行為を含んだ総体的用語として考えられる。そのため，保育士には「乳児，幼児等の保育に関する相談に応じ，及び助言を行うために必要な知識及び技能の修得，維持及び向上」という努力義務が課せられている。「保育所保育指針」（ 1 保育所保育に関する基本原則）でも，保育所保育及び保育士の役割・業務について明言し，その一連に関する行動指針を示している（表 1 - 1 ）。

　このように，児童家庭福祉に関わる保育者が，保育所において子どもと家

表 1-1 「保育所保育指針」1. 保育所保育に関する基本原則

（1）保育所の役割
ア　保育所は，児童福祉法（昭和22年法律第164号）第39条の規定に基づき，保育を必要と
　　する子どもの保育を行い，その健全な心身の発達を図ることを目的とする児童福祉施設で
　　あり，入所する子どもの最善の利益を考慮し，その福祉を積極的に増進することに最もふ
　　さわしい生活の場でなければならない。
イ　保育所は，その目的を達成するために，保育に関する専門性を有する職員が，家庭との
　　緊密な連携の下に，子どもの状況や発達過程を踏まえ，保育所における環境を通して，養
　　護及び教育を一体的に行うことを特性としている。
ウ　保育所は，入所する子どもを保育するとともに，家庭や地域の様々な社会資源との連携
　　を図りながら，入所する子どもの保護者に対する支援及び地域の子育て家庭に対する支援
　　等を行う役割を担うものである。
エ　保育所における保育士は，児童福祉法第18条の４の規定を踏まえ，保育所の役割及び機
　　能が適切に発揮されるように，倫理観に裏付けられた専門的知識，技術及び判断をもって，
　　子どもを保育するとともに，子どもの保護者に対する保育に関する指導を行うものであり，
　　その職責を遂行するための専門性の向上に絶えず努めなければならない。

注：下線筆者。
出所：厚生労働省『保育所保育指針』2017年，2-3頁。

庭への支援を展開していく整合性と意義について，下記の通り整理できる。

①　保育所を利用する保護者及び地域で子育てをしている保護者にとっ
　　て最も身近な子育ての専門職が保育者である。
②　保育実践は，保育者と子どもとの一方的な営みで完結するものでは
　　なく，保護者（子どもを含めた）との関係性と連携の下で形成されてい
　　く営みである。
③　保育者にとって子育てに関する支援のターゲットは「①子ども自身，
　　②親，③親子関係，④地域社会の４つの枠組み[6]」の全体的視点が重要
　　である。
④　「①子ども自身，②親，③親子関係，④地域社会[6]」は，生活者とい
　　う立場から考えた場合，いずれも切り離すことができない。これら社
　　会関係の中で営まれる子育て，つまり子どもと保護者を把握すること，
　　子育ての場となる家庭と地域における生活の全体性を視野に入れた支

援を構築していくことが重要となる。

⑤　生活というものは「休むこと」も「そこから逃げ出すこと」もできない。ましてや生活上の困難が生じた場合にこそ，社会的存在として社会関係との有機的なつながりから人間らしい営みへと改善していく必要がある。子どもと家庭を支援するということは，生活の主体者としての子ども・保護者という視点を保持しながら，子どもの将来を見据えた切れ目のない一貫した支援を考慮すべきである。

⑥　保育所及び保育者には，子育てに関する支援を担う役割と社会的位置づけが法的に明記され，期待されている。したがって，子ども・家庭に加え地域をも視野に入れることを要求される保育者には，保育理論に加えてソーシャルワークの理論とスキルを「援用」できることが求められる。

　以上，保育所及び保育者は，子どもと保護者の子育てに関する支援を担い，それに伴う社会的役割・機能を有する立場であることが理解できるであろう。

　保育所で展開される保育は，子どもと保護者・家庭・地域社会を切り離して成立することは困難である。子育てにおける子どもの最善の利益は，それらが一体となって初めて保障できる。ゆえに，生活上の困難を抱える子ども・保護者・家庭とその現象が存在する地域社会も対象として捉え，対象者の生活について全体性の観点から社会関係の調整と生活改善を図ることを目的に，社会資源を活用して支えていこうとする取り組みが，子ども家庭支援であろう。もちろん，保育所及び保育者のみでそれらを完結できるものではないため，関係機関との連携などが重要なキーワードとなる。したがって保育者には，社会福祉の価値・倫理観に裏づけられた知識と技術に基づき，子どもの保育と家庭への支援に当たるという自覚が求められる。

2　法的根拠に基づく子ども家庭支援

　保育者及び保育所における子ども家庭支援について，その意義を前節で確認した。本節では，法的根拠に基づき子ども家庭支援について確認していく。

（1）児童の権利に関する条約と子育て支援

　日本は，児童の権利に関する条約（1989年国連総会採択）を1994（平成6）年に批准したことで，本条約に拘束され，条約が国内法より上位の位置づけに同意したこととなり，児童福祉法は本条約に基づく法体系となった。

　本条約は，18歳未満のすべての児童の人権尊重と権利保障を促進するために「生きる権利・守られる権利・育つ権利・参加する権利」の4本柱の観点から，児童を権利の客体から主体へと変容させた点に意義がある。

　本条約の「公的若しくは私的な社会福祉施設，裁判所，行政当局又は立法機関のいずれによって行われるものであっても，児童の最善の利益が主として考慮される」（第3条第1項）との規定に基づき，児童の措置などを行う場合には，児童にとって最善の利益を最優先した取り組みとなるように，当該国の児童福祉関係者は考慮しなければならない。

　さらに，本条約で「父母又は法定保護者は，児童の養育及び発達についての第一義的な責任を有する。」（第18条第1項）「締約国は，この条約に定める権利を保障し及び促進するため，父母及び法定保護者が児童の養育についての責任を遂行するに当たり適切な援助を与えるものとし，また，児童の養護のための施設，設備及び役務の提供の発展を確保する」（第18条第2項）と規定していることから，児童の養育・発達保障について第一義的責任を有する父母など法定保護者に対して，社会の側からの責任として公的支援及びサービスの確保することを当該国の地方公共団体など公的機関に義務づけた。

（2）児童福祉法上にみる保育所の役割

児童福祉法24条において，市町村には，保護者の労働又は疾病その他の事由により，その監護すべき乳幼児その他の児童について保育を必要とする場合は，当該児童を保育所等において「保育しなければならない」という保育の実施義務が課せられている。さらに，児童虐待や障害等の理由で優先的に保育を行う必要があるにもかかわらず，保育サービスにつながっていない保護者に対しては，保育所などにおいて保育を受けること・保育を受けることの申込みを「勧奨」し，保育を受けることができるようにする「保育の勧奨」が義務づけられている。

市町村は，子どもの状態・保護者の子育て状況・養育環境・家庭の置かれている地域の実情等に応じて必要な保育を提供していくために，保育事業者や児童福祉関係者と連携・調整・体制整備を図っていくのである。つまり，子どもの権利の観点からも，子どもが家庭を中心とした環境において健やかに養育されるためには，保護者・保育所・公私的関係機関（者）・地域との緊密な連携がより有効であり，保育所には，保育に加え，保護者に寄り添い，その家庭の状況を踏まえた全体的な視点による関わりが不可欠となる。このように，市町村の保育の実施義務を基盤に，業務上の責任として，保育所には自ずと児童福祉関係の法制度・関係機関との関連性が生じてくる。

保育所の主たる行為は，子どもに対する日常の保育が第一義的業務である。しかし，保護者への保育に関する指導では，専門的知識とスキルを総動員して対応していかなければならない場面も出てくるであろう。家庭は表面上見えない困難を抱えていることも多い。ましてや，その状況下における子育てとなると，子どもと保護者の負担は計りしれないであろう。生活を送る上で，切れ目のない一貫した支援が子どもの最善の利益に影響してくることを理解するならば，子ども自身・親（保護者）・親子関係（家庭環境）・地域の観点から課題と要因をさぐり，ソーシャルワーク理論を「援用」しつつ，日常の保育と並行してできる支援体制作りは，保育所が取り組む子ども家庭支援の要

第1章　子ども家庭支援の意義・役割

となろう。

（3）児童福祉法と子ども家庭支援

　児童の権利に関する条約の理念に則り，子どもが権利の主体として最善の利益を確保していくために，児童福祉法第1条において「適切に養育されること，その生活を保障されること，愛され，保護されること，その健やかな成長及び発達並びにその自立が図られること，その他の福祉が等しく保障される権利を有する」ことを児童福祉の理念として規定している。さらに，児童が「良好な環境において生まれ，かつ，社会のあらゆる分野において，児童の年齢及び発達の程度に応じて，意見が尊重され，その最善の利益が優先して考慮され，心身ともに健やかに育成される」ように児童に対する国民の努力義務を第2条に規定している。

　本法でも，保護者に対して児童の健やかな育成については「第一義的責任を負う」（第2条第2項）と明記しているものの，保護者にすべてを押し付けるのではなく，子育ての社会的責任ある立場として国及び地方公共団体に対しても「児童を心身ともに健やかに育成する責任を負う」と規定している。これに基づき，保護者のみならず，国及び地方公共団体への「児童が家庭において心身ともに健やかに養育されるよう，児童の保護者を支援しなければならない」（第3条の2）とする，子どもの権利・養育に関する責務を明示している。

　子ども子育て支援法においても，保護者の子育てに関する第一義的責任を規定（第2条）した上で，「子ども・子育て支援」を「全ての子どもの健やかな成長のために適切な環境が等しく確保されるよう国若しくは地方公共団体又は地域における子育ての支援を行う者が実施する子ども及び子どもの保護者に対する支援をいう」（第7条第1項）と定義づけている。

　つまり，保護者が養育に関する第一義的責任を負うのはもちろんだが，子どもとその保護者に最も身近な基礎自治体である市町村が主となって，子育

9

てに関する支援に取り組む責務を課している。そして，国・都道府県・関連
専門機関など公的私的を問わず，地域（社会）全体で子どもと保護者・家庭
を支援する，換言するなら，子ども・保護者・家庭を地域（社会）で丸ごと
支えていこうとする支援体制の構築を目指しているのである。

3　保育所保育指針・全国保育士会倫理綱領からみた子ども家庭支援

（1）保育所保育指針にみる子ども家庭支援

　保育所及び保育者にとって，「保育所保育指針」は保育実践の羅針盤であ
り，「全国保育士会倫理綱領」は保育実践の拠り所である。各々には，保育
の目的・保育内容・行動指針・専門性などが明確化されている。

　「保育所保育指針」で「保護者への子育て支援」の必要性が謳われたのは，
2008（平成20）年に「第6章　保護者に対する支援」が新設されたことに始
まる。保護者の子育てニーズと保護者が抱える子育ての課題（問題）の複雑
化に対応すべく，保育のみならず保護者への丁寧な関わりが保育所に求めら
れるようになった。保護者の子育てを支援するということは，その家庭全体
関わることになるため，子どもの最善の利益保障を主眼に子どもと保護者家
庭を丸ごと捉え，保護者と協働しながら取り組む姿勢が保育所に求められる
ようになった。加えて，適切かつ迅速な対応力や，地域の社会資源を子育て
に活用していくことの有効性などから，関連機関との連携・協働・体制づく
りも求められてきたのである。

　そして，「保育所保育指針」（平成29年厚生労働省告示第117号）でも「第4章
子育て支援」へと改章・改題し，前指針同様に保育所利用の子どもと保護者
（家庭）への支援及び地域で子育てをしている保護者（家庭）への支援に関す
る基本事項を定めた。

　ただし，理念・内容は前・現保育所保育指針ともに大きく変わっていない。
日常的保育だけにとどまらず，「指導」という概念に基づく保育の一環とし

て，保育所利用の保護者が子育てに喜びと意義を感じられること，子どもの最善の利益のために子育て力を向上できること，を念頭に保育者が積極的に関わり支援していくことである。

　また，地域で子育てをしている保護者にとっては，保育所は子育ての第一線専門機関として身近に存在する貴重な社会資源である。保育者が地域の保護者が抱えている子育てに関する悩みや相談事など「子どもと保護者の声なき声」に気づき代弁していく役割を担うことで，保育所は専門性に基づく組織的・機能的対応が可能となる。例えば，民生委員（児童委員）や関係機関へつなぐ協働・連携，要保護児童対応・一時預かり事業などを通して保育所が日常的に地域と関わることで，地域の子育てを支えていく社会資源としての重要かつ高度な役割を発揮することとなる。

　「保育所保育指針解説」によれば，子育てに関する支援にはソーシャルワーク理論を「援用」することが有効となるケースもある。そのため，ソーシャルワークの基本的な知識・技術について理解を深めた上で，保護者への支援・情報提供，関係機関との連携・協働などに努め，保育所全体で地域の状況を把握できる連携体制の構築，といった組織的対応を求めている。その際，保育者が担う相談・助言（指導）は，これら支援の一連の契機・端緒となる。そして，保育所は，地域の特性を把握し社会資源との連携・協働を図ることによって，子ども家庭支援への効果を発揮し得ることになろう。

　もちろん保育所・保育者はソーシャルワークを中心に担う専門機関・専門職ではない。また，保護者のニーズや支援を保育所ですべてワンストップで担うことには専門的・業務的にも限界がある。ただし，保育所・保育者は，保護者にとって最も身近な社会福祉専門機関・専門職の一つとして，保護者の子育てニーズに相応してソーシャルワークを「援用」した初期的介入（窓口的役割）を担うことが期待されていることを理解しておきたい。

表1-2　全国保育士会倫理綱領

　すべての子どもは，豊かな愛情のなかで心身ともに健やかに育てられ，自ら伸びていく無限の可能性を持っています。
　私たちは，子どもが現在（いま）を幸せに生活し，未来（あす）を生きる力を育てる保育の仕事に誇りと責任をもって，自らの人間性と専門性の向上に努め，一人ひとりの子どもを心から尊重し，次のことを行います。
　　私たちは，子どもの育ちを支えます。
　　私たちは，保護者の子育てを支えます。
　　私たちは，子どもと子育てにやさしい社会をつくります。

（子どもの最善の利益の尊重）
1. 私たちは，一人ひとりの子どもの最善の利益を第一に考え，保育を通してその福祉を積極的に増進するよう努めます。

（子どもの発達保障）
2. 私たちは，養護と教育が一体となった保育を通して，一人ひとりの子どもが心身ともに健康，安全で情緒の安定した生活ができる環境を用意し，生きる喜びと力を育むことを基本として，その健やかな育ちを支えます。

（保護者との協力）
3. 私たちは，子どもと保護者のおかれた状況や意向を受けとめ，保護者とより良い協力関係を築きながら，子どもの育ちや子育てを支えます。

（プライバシーの保護）
4. 私たちは，一人ひとりのプライバシーを保護するため，保育を通して知り得た個人の情報や秘密を守ります。

（チームワークと自己評価）
5. 私たちは，職場におけるチームワークや，関係する他の専門機関との連携を大切にします。
　　また，自らの行う保育について，常に子どもの視点に立って自己評価を行い，保育の質の向上を図ります。

（利用者の代弁）
6. 私たちは，日々の保育や子育て支援の活動を通して子どものニーズを受けとめ，子どもの立場に立ってそれを代弁します。
　　また，子育てをしているすべての保護者のニーズを受けとめ，それを代弁していくことも重要な役割と考え，行動します。

（地域の子育て支援）
7. 私たちは，地域の人々や関係機関とともに子育てを支援し，そのネットワークにより，地域で子どもを育てる環境づくりに努めます。

（専門職としての責務）
8. 私たちは，研修や自己研鑽を通して，常に自らの人間性と専門性の向上に努め，専門職としての責務を果たします。

2003年
全国社会福祉協議会
全国保育協議会
全国保育士会

出所：山縣文治ら監修，ミネルヴァ書房編集部編『ワイド版社会福祉小六法2019 資料付』ミネルヴァ書房，172-173頁。

第1章　子ども家庭支援の意義・役割

（2）全国保育士会倫理綱領にみる子ども家庭支援

　保育士という資格（有資格者）について，職業的専門性と倫理・実践の準拠（行動規範）を示しているのが「全国保育士会倫理綱領」である（表1-2）。

　当倫理綱領「前文」において，子どもの可能性・生きる力を育てる・保育の仕事に誇りと責任を持つ・専門性の向上・子どもの育ちと保護者の子育てを支え，子どもと子育てにやさしい社会をつくることを，保育士の社会的存在意義として宣言している。保育実践は保育という「ケア」の領域にとどまらず，保護者への保育に関する支援，子育てしやすい社会づくりへのソーシャルアクション，子どもの最善の利益の尊重，発達保障，プライバシー保護，チームワーク，自己評価，利用者の代弁，地域子育て支援，専門職としての責務など，その専門職倫理，専門職としての立ち位置（座標軸）について明確に示されている。

　保育者には，本倫理綱領を念頭に，子どもから保護者，そして地域の子育て支援へと保育実践を展開していく職責と役割が問われていくのである。

4　ソーシャルワークと子ども家庭支援

（1）ソーシャルワークとは何か

　子ども・保護者への多様な支援に関わるためには，状況に応じてソーシャルワーク理論を「援用」することが有効であると「保育所保育指針解説」に明記されている。したがって，保育者はソーシャルワークに関する理解を深めておく必要がある。一般的にソーシャルワークは，社会福祉士を中心とした社会福祉専門職による「総合的かつ包括的な相談援助[7]」と考えられている。また，「ソーシャルワークとは社会福祉援助のことであり，人々が生活していく上での問題を解決なり緩和することで，質の高い生活（QOL）を支援し，個人のウェルビーイングの状態を高めることを目指していくことである[8]」と日本学術会議では定義づけている。つまり，利用者の生活上の諸問題につい

13

表1-3　ソーシャルワークの定義・ソーシャルワーク専門職のグローバル定義

- **ソーシャルワークの定義（旧定義）**
　ソーシャルワーク専門職は，人間の福利（ウェルビーイング）の増進を目指して，社会の変革を進め，人間関係における問題解決を図り，人々のエンパワーメントと解放を促していく。ソーシャルワークは人間の行動と社会システムに関する理論を利用して，人びとがその環境と相互に影響し合う接点に介入する。人権と社会正義の原理は，ソーシャルワークの拠り所とする基盤である。
- **ソーシャルワーク専門職のグローバル定義（新定義）**
　ソーシャルワークは，社会変革と社会開発，社会的結束，および人々のエンパワーメントと解放を促進する，実践に基づいた専門職であり学問である。社会正義，人権，集団的責任，および多様性尊重の諸原理は，ソーシャルワークの中核をなす。ソーシャルワークの理論，社会科学，人文学，および地域・民族固有の知を基盤として，ソーシャルワークは，生活課題に取り組みウェルビーイングを高めるよう，人々やさまざまな構造に働きかける。
　この定義は，各国および世界の各地域で展開してもよい。

出所：社会福祉専門職団体協議会国際委員会「ソーシャルワーク専門職のグローバル定義と解説」2016年3月版（https://www.jacsw.or.jp/06_kokusai/IFSW/files/SW_teigi_01705.pdf, 2019年1月アクセス）3・4頁。

て，社会福祉法制度及び福祉サービスと介入を通して，利用者の社会関係を調整しつつ，その軽減（緩和）・解決を目指し，利用者の自己実現と自立に向けた専門的知識・技術による総体的な関わりをソーシャルワークということができる。

　ソーシャルワーカー（社会福祉専門職・社会福祉士など）の実践の拠り所であり行動規範となるものに「ソーシャルワーカー（社会福祉士）の倫理綱領」がある。またソーシャルワークの定義については，IFSW（国際ソーシャルワーカー連盟）及びIASSW（国際ソーシャルワーク学校連盟）の「ソーシャルワーク専門職のグローバル定義」がある（表1-3）。この定義の特徴は，「社会変革，社会開発，社会的協調，エンパワメント，多様性の尊重」等である。マクロの視点から社会構造的条件（環境）に働きかけることで社会の安定を目指す。そして，人々の生きる力を増大させるエンパワメント及びミクロレベルでの個人の変容を目指し，先住民問題等地域の多様性にも目を向け，課題を抱える人々とともに解決への道を歩み，当事者が生活課題に主体的に取り組み，人間らしい生活を享受できるように，社会や個人に働きかけていく

ことが，ソーシャルワークの固有性であろう。ソーシャルワークは，人々の問題解決・生活改善・福利を目指した社会変革に関わる一連の取り組みの総体系であるため，その職業的価値及び実践範囲は壮大なものである。

　ソーシャルワークを平易に換言した場合「ソーシャル（社会関係のなかで）ワーク（援助・介入）するということ[9]」であり，社会システム（環境）の中で（中へ）機能・介入することがソーシャルワークの特性といえ，対象者の生きる力・意味，存在の喜び・実感を回復させるものである。つまり，ソーシャルワークは，当事者が主体であることに主眼を置き，当事者とその環境の間にある複雑な相互作用に焦点を当て，介入し働きかけ，人々の可能性を導き出し，生活を改善し豊かなものへと変容していくための多様な専門的関わり（介入）なのである。

（2）ソーシャルワーカーの倫理綱領からみた子ども家庭支援

　ソーシャルワークの意義は，人間と環境との相互作用を把握し，社会に存在する障壁・不平等・不公正などに働きかけながら，日常の個人的・社会的問題及び危機・緊急事態などに対応するために，個人から社会までを実践上の範囲と捉えることにある。したがって，ソーシャルワーカーは支援を要する個人，家族，地域社会の人々の生活に変革をもたらす仲介者[10]ということができる。

　その点について，「ソーシャルワーカーの倫理綱領」の前文では，「すべての人が人間としての尊厳を有し，価値ある存在であり，平等である」ことをソーシャルワーカーは深く認識し，平和を擁護し，社会正義の原理に則り「サービス利用者の自己実現」を目指す専門職であると明言している。そのためには，「価値と原則　1（人間の尊厳）」において人間をすべて「かけがえのない存在」として捉え，人間であることの本質に価値を据えて捉えることを謳っている。これは人間の存在そのものに価値を見出し，その価値は何ものにも侵害されるものではない，という絶対的・根源的な人間観である。こ

のような人間に対する絶対的価値観が人間の「尊厳」「人権尊重」「平等性」という普遍的な概念の基盤となり,「人間の尊重・人間としての尊厳の重視」という基本原理へと導いていくのである。

このように,ソーシャルワークは「全ての人間が平等である」「価値ある存在である」「尊厳を有している」ことを認めて人を尊重することに基盤を置いている。また,ソーシャルワークの定義に謳われている「人権と社会正義」という概念は,ソーシャルワークにおける動機づけと正当化の根拠となり,加えて専門職としての目的・特性となるものである。ゆえに,社会福祉の利用者が差別されることなく対等な扱いを受けることは,ソーシャルワークの前提条件となる。なぜなら,ソーシャルワーカーは,いかなる対象領域においても人間としての暮らしの中で実感する「生きにくさ」「生きづらさ」と向き合うことを求められる(11),からである。

これらの観点は,すべての子どもを対象に子どもを支える・保護者を支える・子育てにやさしい社会を作るという「全国保育士会倫理綱領」の理念にも引き継がれている。保護者の人間観は,保育実践における「人」の扱い方や捉え方(偏見)などにおいて自ずと表出し影響する。同じ社会福祉専門職である以上,子どもの最善の利益を前提とした場合,前述の人間観を無視した保育実践では専門的整合性を担保できないだけでなく,子どもと保護者にとっても功を奏しないであろう。

保育は養護と幼児教育の一体化としつつも,保護者の多様な子育てニーズへ対応できるように,保育者は子どもと保護者に寄り添い,痛みを担うことのできる最も身近な第三者(専門職)でなければならない。その立場から,子どもの生活を保護者と地域社会から捉える全体性の視点を基盤に各倫理綱領に則した働きかけが保育と並行して必要となる。

5 子ども家庭支援をめぐる概念

ソーシャルワークの意味等について前章で確認した。そこで確認すべき点は，「保育所保育指針解説」第4章に謳われている，ソーシャルワーク等の知識や技術を「援用」することが有効なケースもある，という解説の考え方である。

保育所及び保育者の第一義的職責は保育にあるため，保育者の養成課程においてソーシャルワーク理論などを専門的に習得しているとは言い難い。したがって，保育者がソーシャルワーカーとして保護者への支援を担うには自ずと無理が生じる。ゆえに，保育所としての役割は，保護者に身近な保育者がソーシャルワークの理論やスキルを借用（引用）しつつ，その役割分担と関係機関へのつなぎ役（窓口）としての初期的な対応の効果性を謳っていると考えられる。つまり，保育所及び保育者はソーシャルワークの理論やスキルを活用できないまでも「援用」することで保護者のニーズに対応していく組織体制づくりが必要ということである。

次に，子育て「援助」ではなく「支援」，子ども家庭「援助」ではなく「支援」と表記されていることから，それらの混同を避けるために各々の概念を整理しておく必要がある。

「援助」と「支援」という用語は，社会福祉において特に明確な使い分けや定義づけをしているわけではないため，ほぼ同義語として使用されることが多い。秋山智久は，社会福祉の領域において「活動」「実践」「援助」といった用語が混然化した状態で使用され，それらの関係性は不明なままである点を指摘し，「非専門性・専門性」「制度有り・制度無し」という軸で，これらの概念整理を行っている。

まず「活動」とは，民生委員やボランティア活動のような一般人つまり専門職ではない人々の非専門的行為（動）も含んだ最も広義な枠組みとして捉

えている。

次に「実践」は,「活動」に比較してより専門的性質が高まり,利用者への直接的・間接的な関わり,利用者への全体的計画,施設長の運営管理,行政による福祉計画,社会福祉協議会による住民の組織化,社会資源との連携,アドボカシー,ソーシャルアクション等の社会福祉関係者の専門的要素が絡む行為として中位に位置づけた枠組みである。つまり,「援助」を包含した専門的要素が高まる関わりを指している。

最後に「援助」は,専門職が行う利用者への面接・相談・助言・指導・ケアといった利用者の生活や身体に対してより直接的・具体的な関わりや処遇など,利用者と専門職者との密接なやり取りを指し,これらの福祉的行為においてよりコアな領域を成す枠組みである。

この枠組みを基に「援助」と「支援」の構造を整理する。「援助」を直接的・具体的な当事者への関わりを示す行為として捉えた場合,「支援」は援助を形作る計画(支援計画),行動見本,情報提供,関係専門機関との連携,社会資源の活用等,援助の効果的成果(最善の利益)を導き出すために構築される直接的及び間接的な専門的取り組みの総体といえる。したがって,「援助」を包含しつつ,高い専門性を提供していく枠組みと解釈できる。

例を挙げるならば,海で溺れている人を直接助けることを「援助(ヘルプ)」とするならば,海で溺れた人を助けること・溺れた人への適切な対応と専門機関との連携,そもそも溺れないようにするためのシステムづくり(チーム構築・計画策定・環境や資源整備など)といった体系・組織化も含めた取り組みが「支援(サポート)」であると考えられる。

そのため,「支援」の内容を具体的に示すもの・支援を構成する要素を「援助」として据えることができる。その「援助」を包含した「支援」の両方を含んだ専門的な取り組みを「実践」として広義に解釈できるのではないだろうか。

ここで留意すべき事項として,保育における「相談(法的には指導)」とい

第1章　子ども家庭支援の意義・役割

図1-1　社会福祉における活動・実践・援助の概念図

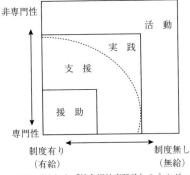

出所：秋山智久『社会福祉実践論』ミネルヴァ書房，2000年，11頁を基に筆者加筆。

図1-2　援助／支援／相談／実践／活動の概念図

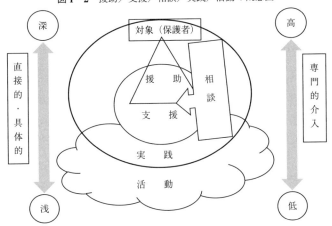

う行為の考え方である。「相談」は，利用者と社会福祉専門職者・機関との間で行われる行為と，社会福祉専門職機関内及び複数機関の間で行われる行為，の2側面を考えることができる。そして「相談」の持つ意味合いには，常に利用者の最善の利益を念頭に置いた言語的・心理的な関わり・取り組みであり，それは援助の場面のみならず支援（実践）の場面において多用され

る行為である。したがって,「相談」は「援助」のみに結びつけられる概念ではなく,支援を行っていく上でも常用される行為である（図1-1・2）。なお,ここでいう「相談」は,一般の人々同士つまり素人間の話し合いを指すものではない。

以上の枠組みから,子育てについて,子ども・保護者・地域などを対象に直接的・間接的に,全体性の原理で関わっていく行為として考えた場合,子育て「援助」よりも子育て「支援」,子ども家庭「援助」ではなく「支援」という用法が適しているということがわかる。

6 本章のまとめ

（1）保育所が担う子ども家庭支援

保育者は,その専門的観点から子どもと保護者に寄り添い,子育ての楽しさ・しんどさなどを共感することのできる,保護者にとって最も身近な頼れる存在であることは論を俟たないであろう。保育者の最も重要な業務は,保護者の代替的役割として子どもを保育することにある。それは保護者の立場を優先しているように見られがちだが,子どもの保育を通して,保護者の子育てを支えるという立ち位置でなければならない。

しかし,保護者を支えていくという役割に囚われすぎて,子どもと保護者（家庭）への対応を,保育所や保育者がワンストップで解決しようと考えすぎてはならない。なぜなら,保育者はソーシャルワーカーではない。また,保育業務と並行して保護者の子育てニーズを丸抱えすることは物理的に不可能である。業務の特性及び専門性が異なる以上,保育者が実践上可能となるのは,子育てを支える立場としての「窓口的」役割であろう。

換言すれば,保育所及び保育者が保育という日常の営みにおいて,ソーシャルワークを担うという期待を過剰に背負い,役割・機能・専門性等の限界を認識できずに,または限界を超えた関わりをすることは,子どもと保護

第1章　子ども家庭支援の意義・役割

者にとっての不利益を招きかねない。保育所は、児童福祉施設であるが、その機能と役割の違いを踏まえつつ、保護者を支えていくことでなければならない。ソーシャルワークを担うことには自ずと限界が生じる。この点は、「保育所保育指針解説」第4章に、自らの役割や専門性の範囲、関係機関及び関係者の役割や機能を理解し保育所のみで抱え込むことなく連携や協働を意識して社会資源を活用しながら支援を行う、保育所や保育士等による対応では限界があると判断される場合には関係機関との密接な連携がより強く求められると、すでに明記されている。つまり、専門職であるからこそ、職業上の限界点を理解しておくという客観的認識が必要となる。

　もし、保育所がワンストップで保育所利用保護者と地域で子育てする保護者に対する子育てニーズを解決していくことが求められるとするならば、ソーシャルワークを担うことのできる保育者以外の専門職を別途配置し、より高度な関わりを目指していくことが理想的であろう。

　保育所が担う子ども家庭支援は、ソーシャルワーク理論を「援用」しつつも、その専門性・限界を理解しながら、関係機関との迅速かつ適切な連携プレーこそが、保育専門職たる関わりであるといえる（第4章参照）。

（2）子ども家庭支援と子育て支援の解釈

　「子ども家庭支援」の類似語に「子育て支援」がある。私たちは、この両語を明確に使い分けて利用しているとは言い難いのではないだろうか。子ども家庭支援については、児童福祉法の「国及び地方公共団体は、児童が家庭において心身ともに健やかに養育されるよう、児童の保護者を支援しなければならない」（第3条の2）という理念に則り、「『市町村子ども家庭支援指針』（ガイドライン）について」において「市町村は、子どもに関する各般の問題につき、家庭その他からの相談に応じ、子どもが有する問題又は子どもの真のニーズ、子どもの置かれた環境の状況等を的確に捉え、個々の子どもやその家庭に最も効果的な支援を行い、もって子どもの福祉を図るとともに、

21

その権利を擁護すること[13]」と定義している。つまり、市町村の責務において子どもと保護者・家庭からの子育てに関するニーズに応じて、当該関係専門機関などが一体的効果的にサービスを提供する取り組みが「子ども家庭支援」であるといえる。

　一方、子育て支援とは「全ての子どもの健やかな成長のために適切な環境が等しく確保されるよう国・地方公共団体又は地域の子育て支援を行う者が実施する子どもと保護者に対する支援をいう」（子ども・子育て支援法第7条）との定義がある。

　そして、「保護者が子育てについての第一義的責任を有する（子ども子育て支援法第2条・児童福祉法第2条2項）」という子育てに関する第一義的責任と相まって、子育てに関する第二義的責任の立場から、社会におけるすべての構成員が共に相互に協力して子育てを担い、保護者の子育てを支えていく、という子ども・保護者・家庭から地域・社会を含めた広がりのある子育てへの関与というとらえ方が「子育て支援」といえる。

　このことから、両者には似て非なる捉え方ができるであろう。ただし、いずれにしても、子どもと保護者を社会で支えていくためには、保育所及び保育者が子どもと保護者の置かれた状況を把握し適切な対応が可能となるよう、関係機関との連携・協働を可能とする体制づくりが求められる。そのためには、保育者には社会に存在する生活主体者としての保護者が抱える困難とその状況を対象として捉え、支えていくこと、そして子どもの最善の利益のために子どもと保護者・家庭、地域を視野に入れた組織的支援体制の構築が保育所の課題となろう。

第1章　子ども家庭支援の意義・役割

―― さらに考えてみよう ――

① 「全国保育士会倫理綱領」（12頁）を熟読し，あなたの観点から保育者が最も大切にすべき項目を選んでみよう。選択項目が他者と異なることは当然である。その選んだ理由を互いが明確に伝え合うことができるようにしよう。

② 保育者が保育所において子ども家庭支援を担うとした場合，対象者に対して配慮すべきことについて考えてみよう。また，「援用」と「活用」の違いを話し合い，支援のあり方について考えてみよう。

③ 保育者には，保育所利用保護者への子育てに関する支援はどこまで可能か，また地域で子育てをしている保護者への支援は果たして可能か。さらに，保育者の子ども家庭支援に関する限界性について話し合ってみよう。

注
(1) 岡村重夫『社会福祉原論』1983年，83-113頁。
(2) 同前書，106頁。
(3) 同前書，「序にかえて」。
(4) 同前書，95-96頁。
(5) 柏女霊峰・橋本真紀『保育者の保護者支援』フレーベル館，2010年，80頁。
(6) 山縣文治「子ども家庭福祉とソーシャルワーク」『ソーシャルワーク学会誌』第21号，日本ソーシャルワーク学会，2011年，11頁。
(7) 岩間伸之・白澤政和・福山和女編著『ソーシャルワークの理論と方法Ⅰ』ミネルヴァ書房，2010年，「はしがき」。
(8) 日本学術会議第18期社会福祉・社会保障研究連絡委員会「ソーシャルワークが展開できる社会システムづくりへの提案」2003年，1頁。
(9) 村田久行「ソーシャルワークの人間観」『ソーシャルワーク研究』36(4)，相川書房，2011年，36頁。
(10) IASSW（国際ソーシャルワーク学校連盟）・IFSW（国際ソーシャルワーカー連盟）『ソーシャルワークの定義　ソーシャルワークの倫理：原理についての表

23

明　ソーシャルワークの教育・養成に関する世界基準』相川書房，2009年，9頁。

⑾　北川清一「エビデンス・ベースト・プラクティスと児童養護施設における利用
　　者支援」『ソーシャルワーク研究』34(1)，相川書房，2008年，67頁。

⑿　秋山智久『社会福祉実践論』ミネルヴァ書房，2000年，10-12頁。

⒀　厚生労働省雇用均等・児童家庭局長「「市町村子ども家庭支援指針」（ガイドラ
　　イン）について」平成29年3月31日，6頁。

参考文献

岩間伸之・白澤政和・福山和女編著『ソーシャルワークの理論と方法Ⅰ』ミネル
　　ヴァ書房，2010年。

岡本民夫・小田兼三編著『社会福祉援助技術総論』ミネルヴァ書房，1990年。

岡村重夫『社会福祉原論』全国社会福祉協議会，1983年。

柏女霊峰・橋本真紀『保育者の保護者支援』フレーベル館，2010年。

厚生労働省『保育所保育指針解説』2018年。

厚生労働省『保育所保育指針』2017年。

厚生労働省雇用均等・児童家庭局長『「市町村子ども家庭支援指針」（ガイドライ
　　ン）について』厚生労働省，2017年。

鶴宏史『保育ソーシャルワーク論』あいり出版，2009年。

第1章　子ども家庭支援の意義・役割

── コラム 1　生きる価値にランクはあるのだろうか ──

　障害に関係して，3つのエピソードを取り上げたい。

　まず私事だが，母が亡くなり，その遺品を整理している時に私の母子健康手帳を見つけた。その母子健康手帳は専用のビニールケースに入れてあったが，そのケースを見て，私は驚いた。ビニールケースは経年変化で少し古びてはいるが，はっきりした文字で，「障害児生むな生ますなみんなの力で」と書かれていたのである。つまり，私の生まれた頃は，障害児を生むことは世の不幸であり，みんなの力で障害児の出生を防ぎましょうという時代だったことが想像できる。私は，障害児として生まれたわけではないが，障害児を生むことは世の不幸だというふうに思われていた時代に，障害児を生むこと，障害児として生きること，障害児の母である人たちはどれほど辛かったことだったろうかと改めて思った。

　次に取り上げるのは，ここ数年，過去に障害者が強制的に不妊手術を受けさせられていた事実が判明し，社会的に注目されるようになったことだ。障害者は，障害児を生む可能性が高いとみなされたり，障害者が子どもを育てるのは無理であるとして，強制的に不妊手術をさせられた人たちがいた。その人たちが，やっと声をあげて，国や自治体による強制不妊手術が存在したことを訴えられるようになったのである。

　最後に，2016（平成28）年7月，神奈川県の障害者支援施設において，入所者19人が殺害され，職員3人を含む27人が重軽傷を負った事件である。とても残念なことに，加害者の男性はその施設の元職員であった。彼は「障害者はいなくなればいい」などと，障害者の存在そのものを否定するような供述をしていたといわれている。

　これら3つのエピソードに共通しているのは，障害者は不幸を作り出すので生きる価値はなく，社会には不要であるという考え方である。生きる価値にランクはあるのだろうか。子どもであろうと，女性であろうと，病気であろうと，障害があろうと，外国人であろうと，すべての人に等しく人権があり，人として尊重される世の中でなければならない。

<table>
<tr><td>第2章</td><td>子ども家庭支援をめぐる歴史的あゆみ</td></tr>
</table>

学びのポイント

　本章における学びのポイントは次の3つである。①現代家族に関することや，子育て家庭をめぐる社会状況を把握すること，②子ども家庭支援に対するわが国のこれまでの取り組みやその歴史的あゆみを知ること，③ ①と②がどのようにつながり関係しているのかを紐解くことの3点である。以上のポイントを押さえることで，子ども家庭支援について現代的な枠組みだけでは捉えきれない，より奥深い学びにつながることだろう。

1　子どもと家庭

（1）家族を成す意味

1）家族と家庭

　そもそも「家族」や「家庭」という言葉は，各々どのような意味合いで使われているのだろうか。まず言葉の定義について確認する。「家族」とは，「夫婦関係を中心として，親子，兄弟，近親者によって構成される，第一義的な福祉追求の集団」[1]のことをいう。しかし，これらの要件をすべて満たさなければならないというわけではない。夫婦のみの場合や，父子あるいは母子のみの場合，さらに血縁関係を欠く養親子の場合も家族に含まれる。加えて，近年では同性愛のカップルやペットも家族の一員と考えるケースもある。他方，「家庭」とは，夫婦や親子などが一緒に生活する集まり，つまり，家族の成員が日常生活を営む場所である。

　家族の形態に関しては，代表的なものに核家族と拡大家族が挙げられる。

27

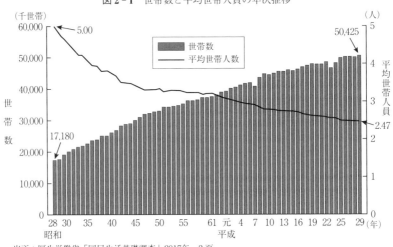

図 2-1 世帯数と平均世帯人員の年次推移

出所：厚生労働省「国民生活基礎調査」2017年、3頁。

　核家族とは，一組の夫婦（父母）と未婚の子どもからなる家族，子どもがいない夫婦だけの家族，父親あるいは母親と未婚の子どもからなる家族のことをいう。拡大家族とは，先の核家族に加え，親やきょうだいが同居するなど，いくつかの核家族で構成される集団である。また，上の形態以外にも，継親子関係を含む再婚家族を指すステップファミリーなどさまざまな形態があり，家族の捉え方が多様化している。

　では，現在の家族はどのような形態をとっているのだろうか。わが国の家族やその形態を把握する際，政府は「世帯」という単位を用いて調査を行う。世帯数や世帯規模については，1950年代の約1,700万世帯と比べ2017（平成29）年は約5,000万世帯と，およそ3,000万世帯増加していることがわかる。しかし，その一方で世帯人員に目を向けると，5人をピークに減少し続け，2017（平成29）年には2.47人まで落ち込んでいる。つまりこれは，世帯規模が縮小していることを意味する（図2-1）。

　また，各世帯別に家族の形態をみると，減少傾向にあるのは「夫婦と未婚の子のみの世帯」や「三世代世帯」であり，増加傾向にあるのは「単身世

第2章　子ども家庭支援をめぐる歴史的あゆみ

図2-2　世帯構造別に見た世帯数の構成割合の年次推移（1975-2017年）

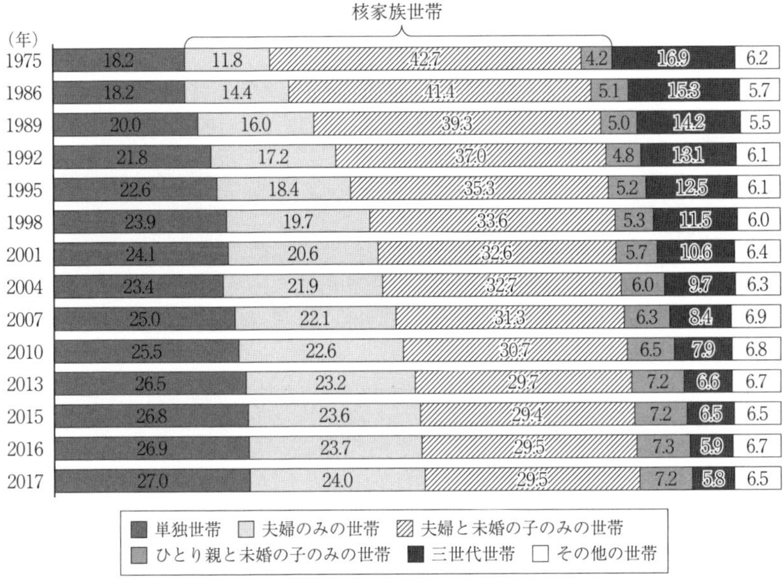

（年）	単独世帯	夫婦のみの世帯	夫婦と未婚の子のみの世帯	ひとり親と未婚の子のみの世帯	三世代世帯	その他の世帯
1975	18.2	11.8	42.7	4.2	16.9	6.2
1986	18.2	14.4	41.4	5.1	15.3	5.7
1989	20.0	16.0	39.3	5.0	14.2	5.5
1992	21.8	17.2	37.0	4.8	13.1	6.1
1995	22.6	18.4	35.3	5.2	12.5	6.1
1998	23.9	19.7	33.6	5.3	11.5	6.0
2001	24.1	20.6	32.6	5.7	10.6	6.4
2004	23.4	21.9	32.7	6.0	9.7	6.3
2007	25.0	22.1	31.3	6.3	8.4	6.9
2010	25.5	22.6	30.7	6.5	7.9	6.8
2013	26.5	23.2	29.7	7.2	6.6	6.7
2015	26.8	23.6	29.4	7.2	6.5	6.5
2016	26.9	23.7	29.5	7.3	5.9	6.7
2017	27.0	24.0	29.5	7.2	5.8	6.5

出所：厚生労働省「国民生活基礎調査」2017年，4-5頁を基に筆者作成。

帯」や「ひとり親と未婚の子のみの世帯」であることがわかる（図2-2）。さらに，近年は共働き世帯数が専業主婦世帯数を上回っていることが特徴に挙げられる。加えて，DINKS（子どものいない共働き夫婦）や，DEWKS（子どものいる共働き夫婦）などの形態が出現し，家族の捉え方同様，その形態もまた多様化している。

2）家族の機能と役割

　家族機能とは，「家族が社会の存続と発展のために果たさなければならないさまざまな活動（それを怠ると社会が消滅・崩壊の危機を迎えるような活動），および内部の家族メンバーの生理的・文化的欲求を充足する活動[3]」の基となる機能である。また，この機能に関しては，アメリカの社会学者であるパーソンズ（T. Parsons）やオグバーン（W. F. Ogburn），同じくアメリカの人類学者のマードック（G. P. Murdock）らの学説が著名である。パーソンズは家族

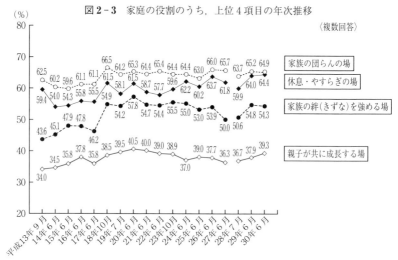

図2-3 家庭の役割のうち，上位4項目の年次推移

注：平成27年6月調査までは，20歳以上の者を対象として実施。平成28年7月調査から18歳以上の者を対象として実施。
出所：内閣府「国民生活に関する世論調査」2018年，22頁。

の社会化と安定化の二機能説を，マードックは性的機能，経済的機能，生殖的機能，教育的機能の四機能説を唱えた。一方，オグバーンは，家族はもともと経済，地位付与，教育，保護，宗教，娯楽，愛情の7つの機能を有しているとし，このうち愛情以外の機能は，近代化や産業化とともに縮小するという「家族機能縮小説」を主張した。

では，私たちは，この家族機能を基に家庭の役割を，どのように考えているのだろうか。内閣府によると，2017（平成29）年は「家族の団らんの場」と回答した割合が64.9％と最も高く，続いて「休息・やすらぎの場」が64.4％，「家族の絆を強める場」が54.3％，「親子が共に成長する場」が39.3％と上位を占めている。また，この上位4項目を時系列でたどると図2-3の通りである。このように，家庭を団らんや憩いの場，あるいは絆を強め成長の場とする考え方は，およそ20年前の2001（平成13）年と比べても，さほど大きな変化は見られない（ただし，2005〔平成17〕年から2006〔平成18〕

年にかけて，値が急上昇している。これは，2005〔平成17〕年に日本の合計特殊出生率が1.26と過去最低を更新し，少子高齢化が一段と進行したことを受け，政府が少子化対策のさらなる重点化を図ったことが影響していると考えられる）。

3）日本における家族機能

日本の家族機能の過程をたどると，周知の通り戦前の産業構造は，農業を主とした第1次産業が中心であった。また，第2次，第3次産業でも家族的経営が主体であったということから，家族は生活単位であると同時に生産単位として位置づけられていた。そのため，当時は労働の再生産という意味で子どもを産み育てることが非常に重要であった。また，家族形態は拡大家族が中心であり，子育てや老親の介護などは家族や親族の間で，あるいは近隣住民の助け合いで行われていた。それゆえ当時は地域間のつながりも非常に強かった。

しかし，戦後の産業構造の変化に伴い，第1次産業は大きく衰退し，代わって第2次，第3次産業が発展していった。その中で一定の地位を占めるようになったのが工場（会社）に雇われて働く人，いわゆる賃金労働者である。それは，多くの者が地方から都市へ移動することを意味し，その結果，家族が直接的に生産活動の機能を果たすという役割は弱まっていった。また，家族の形態も拡大家族から核家族が中心となり，これまで家族や親族間，あるいは近隣住民の援助で行われていた子育てや老親の介護は，夫婦だけで担わなければならなくなった。そのため，夫婦のみの子育てや介護は負担が大きすぎることから，子どもの養育は保育所をはじめとする保育施設に，高齢者の保護は高齢者福祉施設に，病人の保護は病院にと，保護機能を家族から社会へ求めていくようになった。こうして，日本における家族機能は，近代化とともに縮小していった。

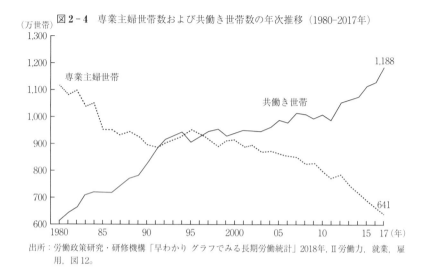

図2-4 専業主婦世帯数および共働き世帯数の年次推移（1980-2017年）

出所：労働政策研究・研修機構「早わかり グラフでみる長期労働統計」2018年，Ⅱ労働力，就業，雇用，図12。

（2）子育て家庭を取り巻く社会状況

1）家族および家族形態の変化

　以上の流れの中で家族機能の縮小は，表面的には家族の負担を減らしたかのように見える。しかし，2017（平成29）年の各世帯の生活意識の状況を見ると，生活が苦しいと答えた割合は，全世帯で55.8％，高齢者世帯で54.2％，児童のいる世帯で58.7％と，どの世帯を見ても5割以上が生活することに苦しさを感じている。

　その背景には，前項で述べた世帯規模の縮小と，家族の捉え方ないし家族形態の多様化が大きく関係している。前述したように，戦後の核家族化により，子育てや介護は夫婦のみで行わなければならず，それは育児の孤立化や出生力あるいは養育機能の低下に直結した。現に夫婦の完結出生児数を見ると，1940（昭和15）年の4.27人をピークに戦後大幅に下がっていくが，1972（昭和47）年から2002（平成14）年の30年間は2.2人前後と比較的安定した推移をたどっていた。しかし，2005（平成17）年に2.09人と再び減少に転じると，2010（平成22）年には1.96人と2人を下回り，現在も横ばい状態

である。⁽⁶⁾

　加えて，近年は共働き世帯が専業主婦世帯を上回っていることも特徴の一つである。図2‐4を見ると，1980年代は専業主婦世帯が中心であったが，1990年代後半を境に共働き世帯が専業主婦世帯を上回った。その後，2017（平成29）年には専業主婦世帯が641万世帯に対し，共働き世帯が1,188万世帯と，その差はおよそ500万世帯である。このように夫婦の共働きが増えている現在，子育て家庭にとっては，いかに「仕事と子育て」をうまく両立させていくかが最重要課題となっている。ところが，日本の雇用環境の中で仕事と生活を両立させるためには，多くのハードルを越える必要があり，その点が生活意識の苦しさに結びついている。

2）仕事と生活

　仕事と生活の両立にはどのような障壁があるのだろうか。それは，日本のこれまでの仕事と生活に対する取り組み方に関係している。図2‐5は仕事と生活に対する取り組み方として，性別役割分業の経済構造を表したものである。性別役割分業とは，「男性は仕事，女性は家事や育児に専念するというように，家庭における各々の役割や責任が明確に区分されていること」を指す。⁽⁷⁾1980年代まで男性は，安定的な雇用と家族を養うために必要な生活費を企業に求める代わりに，長時間労働や残業など，企業に都合の良い働き方に従事した。

　また，女性は，男性から生活費を賄ってもらう代わりに，家事や育児など家事労働の役割を全面的に引き受けた。そのため，女性と企業の関係は，男性ほど強いものではなく，たとえ女性が外に働きに出たとしても，家庭優先となるため補助的な働き方が中心であった。そして，この役割分担は1990年代前半頃までは合理的なシステムとして比較的に上手く機能していた。

　ところが，1990年代以降になると性別役割分業に不都合が生じ始めた。周知のように，日本社会は，バブル経済の崩壊とともに平成の大不況に見舞われた。企業の多くは，不景気による経営不振を理由に，従来の安定的な雇用

図2-5 性別役割分業の経済構造

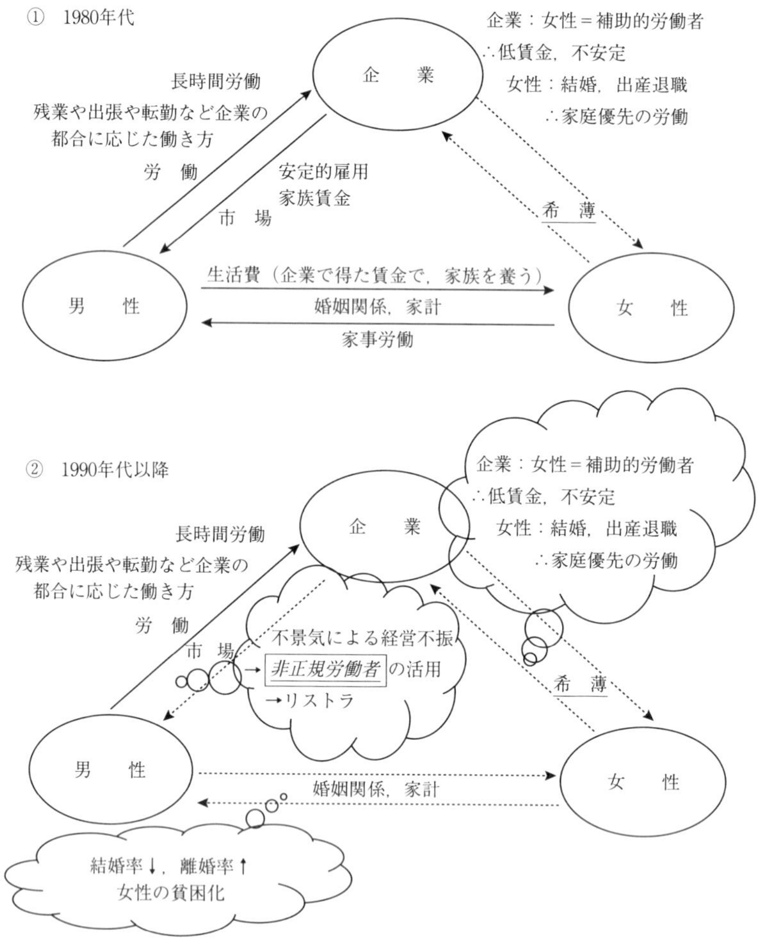

① 1980年代

企業：女性＝補助的労働者
∴低賃金，不安定
女性：結婚，出産退職
∴家庭優先の労働

企　業

長時間労働
残業や出張や転勤など企業の
都合に応じた働き方

労　働

安定的雇用
家族賃金

市　場

希　薄

男　性

生活費（企業で得た賃金で，家族を養う）
婚姻関係，家計
家事労働

女　性

② 1990年代以降

企業：女性＝補助的労働者
∴低賃金，不安定
女性：結婚，出産退職
∴家庭優先の労働

企　業

長時間労働
残業や出張や転勤など企業の
都合に応じた働き方

労　働

市　場

不景気による経営不振
非正規労働者 の活用
→リストラ

希　薄

男　性

婚姻関係，家計

女　性

結婚率↓，離婚率↑
女性の貧困化

出所：川口章『日本のジェンダーを考える』有斐閣，2013年，138頁を基に筆者作成。

からリストラや非正規雇用の活用へと舵を切った。その結果，男性はいつ解雇されるかわからないリスクに晒されながら，それを回避するために，長時間労働や残業など企業に都合の良い働き方を一層受け入れた。

そして，女性も長引く不況の中で家計を支えるために外に出て働く必要が

図2-6 夫婦における1日当たりの家事・育児関連時間

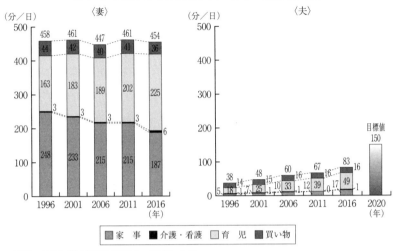

出所:内閣府『共同参画』第111号,2018年,2頁。

生じた。しかし,前述したように,女性と企業の関係として,これまで女性が家庭優先の補助的労働中心だったので,男性よりも不安定かつ低賃金で働くことを強いられた。さらに,長年定着してきた性別役割分業が堅持されたことにより,現在においても,家事や育児など家事労働の役割を担いながら就労する状況が続いている。

以上から,男性は長時間労働や残業など仕事の拘束時間が長いために家庭との両立が難しく,女性は家事や育児などの家事労働をしつつ仕事をしなければならないので,仕事と両立させることが困難な状態だといえる。さらに,女性が就く仕事の多くは不安定かつ低賃金なものであることから,多重就労せざるを得ず,家庭を顧みる余裕がない場合が多い。ゆえに性別役割分業は,仕事と生活を両立するにあたって男女双方にとって不都合であることがわかる。

現に,週60時間以上働く就業者のうち,子育て期にあたる30代男性は14.7%,40代男性は14.9%と,男性全体の11.6%を上回っている。また,夫

図2-7 近所づきあいの程度の変遷

（年）	1975	1986	1997	2011	2012	2013	2014	2015	2016	2017	2018
わからない	0.3	0.4	0.4	0.1	0.1	0.1	0.1	0.1	0.1	0.2	0.2 (%)
つき合いはしていない	1.8	3.8	5.3	6	5.8	5.5	6	6.1	6.5	6.7	6.8
あまりつき合っていない	11.8	14.4	16.7	24.1	24.9	24.1	25.7	25.6	25.6	26.1	25.3
ある程度つき合っている	32.8	32.4	35.3	49.5	50.9	51.3	50.6	50.3	50.9	49.5	49.4
よくつき合っている	52.8	49.0	42.3	20.3	18.3	19.1	17.6	17.9	16.9	17.5	18.3

■ よくつき合っている　□ ある程度つき合っている　■ あまりつき合っていない
□ つき合いはしていない　■ わからない

出所：内閣府「社会意識に関する世論調査」を基に筆者作成。

婦の家事や育児など家事労働時間について，夫の家事関連時間を見ると年々増加傾向にあるものの，妻と比べるとその差は一目瞭然である（図2-6）。加えて，2020年までに夫の家事労働時間を150時間にするという政府の目標は，2016（平成28）年時点で83時間しか達成されておらず，目標達成には程遠い状況である。

　では，性別役割分業に対して，どのように社会の意識が変化したのか。1979（昭和54）年は7割以上の男女が性別役割分業に好意的であったが，2016（平成28）年には男女とも半数以上が反対の見解を示している。これは，まさに前述した点を含め性別役割分業に対して，何らかの不信感を抱いているためといえる。[9]

3）地域と家庭

　仕事と生活の両立を阻む背景には，核家族化による地縁の希薄化が挙げられる。前述したように，日本では近代化とともに家族機能が縮小し，子育て

第2章　子ども家庭支援をめぐる歴史的あゆみ

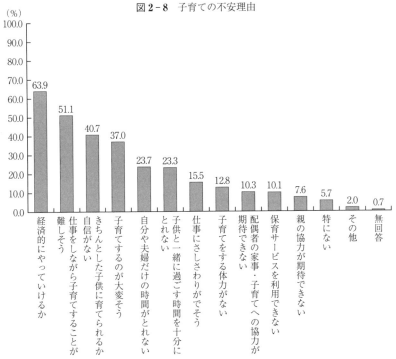

図2-8　子育ての不安理由

出所：内閣府『少子化社会対策白書 平成30年版』2018年，55頁。

や介護などの保護機能を社会に求めるようになった。それは結果的に，家族や親族をはじめ，近隣住民で助け合うという相互扶助的な部分を弱めてしまった。世論調査によると，近所づきあいの程度について1975（昭和50）年は付き合っている（「よく付き合っている」と「ある程度つき合っている」の計）が85.6％であったが，2018（平成30）年には67.7％と大幅に下がっている（図2-7）。

加えて，個人の立場を尊重する現代の社会的風潮も相まって子育ての孤立化に拍車がかかり，仕事との両立が困難な状況に至っている。図2-8を見ると，子育てに対する不安要素として，「仕事をしながら子育てすることが難しそう」が51.1％を占め，仕事との両立に関する理由を挙げる者の割合が

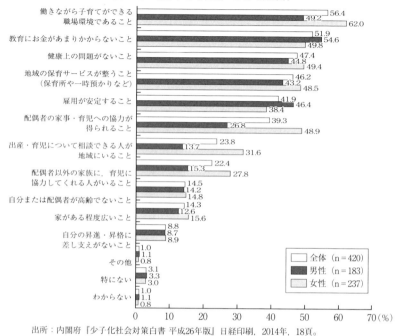

図2-9 将来子どもを持つときの諸条件

出所:内閣府『少子化社会対策白書 平成26年版』日経印刷, 2014年, 18頁。

目立つ。

では, 現代の子育て家庭は, 地域とのつながりをどこまで重視しているのだろうか。地域の子育て支援を重要だと答えた割合(「とても重要だと思う」と「やや重要だと思う」の計)について, 子育て世代にあたる20〜40代の男女を見ると, 20代男性は90.6%, 女性は94.3%, 30代男性は87.2%, 女性は88.5%, 40代男性は89.4%, 女性は92.2%であり, どの年代を見ても9割近くを占める。また, 将来子どもを持つ時の条件として,「働きながら子育てができる職場環境であること」が56.4%(男性49.2%, 女性62.0%)と最も多く, 地域に関するものも一定の割合を占めていることがわかる。次いで,「地域の保育サービスが整うこと」が46.2%(男性43.2%, 女性48.5%),「出産・育児について相談できる人が地域にいること」が23.8%(男性13.7%,

女性31.6%）であり，先に見たように地域の子育て支援が現代の子育て家庭にとって，いかに必要であるかを裏づけている（図2-9）。

（3）親と子の成長と家族の発達

1）親になるということ

夫婦が初めて子どもを授かると，家族は二者関係から三者関係となり，夫は父親として，妻は母親としての役割を担いながら子どもを育てていく。「親の背を見て子は育つ」という諺があるように，本来，親の子育ては，自分たちの親から受けた養育や親との関係などの成育歴に大きく影響を受ける。また，子育てに関する文献，講習会ないしは研修会を通して育児に必要なスキルを習得し，わが子にとっての「良い親」を目指す。このように，親は子どもが生まれたらすぐに親になるのではなく，上記のような過程を通して徐々に成長していくのである。

しかし，第2項で述べたように，核家族化による育児の孤立化は，親に必要な育児スキルを学ぶ機会を与えず，親は子育て方法がわからないことにストレスを感じてしまう。さらに，仕事と生活の両立環境の未整備もまた，わが子と一緒に過ごす時間を奪ってしまうため，子育てにさらにストレスがかかる。前述したように，男性の長時間労働や女性の多重就労は，健全な子育てを目指すのに大きな足かせになっている。そのため，現在は親として必要な育児スキルを学ぶ機会の提供と，わが子と向き合う十分な時間の確保が求められている。

2）子どもの成長と発達

子どもの成長は，家族の関わり方に大きな影響を受ける。具体的には，乳幼児期の子どもは両親からの愛情を受けて好奇心や情緒性が育まれる。また，日々繰り返される食事，排せつ，睡眠を通して，基本的な生活習慣を身に付ける。そして，学童期に入ると生活の場を家から学校に移し，学校という集団生活の中で教師や仲間など家族以外の関係を築くことで道徳性や社会性を

習得する。

　その後，個人差はあるものの，「第二次性徴」と呼ばれる思春期に入ると急速に身体的成熟が進む。子ども自身はこの急激な身体の成長に戸惑い，受け止められずにいることから，親に反抗的な態度をとってしまうケースも少なくない。しかし，この時期は子どもが親から自立するための重要なプロセスである。そして，成人になった子どもは，親元を離れ，やがて新しい家族をつくり，初めての子どもを迎え入れる。

　このように，子どもの成長にはどのように親や家族が関わっているかがきわめて重要である。そして，親の成長や家族の発達にとっても，子どもの成長を見守ることは必要不可欠である。しかし，近年はこのような家族関係やライフスタイルが崩れ，子どもの成長に関わる深刻な問題が増えている。児童虐待と児童貧困の問題である。児童虐待について，2017（平成29）年には，虐待相談件数が13万件を超え，過去最多を更新した。また，相談内容については，心理的虐待に関する相談が最も多く，続く身体的虐待に関する相談も無視できない多さである。

　児童貧困の増加については，第1項で見たように「ひとり親家庭」が増えているのが要因の一つである。内閣府の調査によると，児童のいる世帯の1世帯当たりの平均所得は，「夫婦と未婚の子のみの世帯」が約700万円に対し，「ひとり親と未婚の子のみの世帯」は約270万円と大きく下回っている。また子どもの進学率について，大学進学の割合は全世帯で54.4％であるのに対し，ひとり親家庭では23.9％と全世帯の半分の割合にも満たない。このように，世帯の所得格差は子どもの教育格差に直接的な影響を与える。

　さらに，経済的に苦しいと親は精神的な余裕をなくしてしまう。その結果，子育てすることに余裕がなくなり，児童虐待の問題につながる恐れもある。そのため，この点においてもやはり早急に仕事と生活の両立環境を整える必要がある。

40

第2章 子ども家庭支援をめぐる歴史的あゆみ

2 子ども家庭支援の温故知新──先人たちの取り組みを手がかりに

（1）歴史を学ぶということ

　問題が発生する時，どの問題でも必ず原因となる出発点が存在する。そして，その起源をたどり根源を見つけ出すことこそが，問題解決への近道となる。それは，前節で述べた子ども家庭に関わる問題もまた然りである。以下，その点について示す。

　2017（平成29）年に「幼稚園教育要領」「保育所保育指針」「幼保連携型認定こども園教育・保育要領」の3法令が同時改訂（改定）された。その中で，幼稚園は社会に開かれた教育課程としての役割を担うことが明言され，保育所も子育て支援の拠点の一つとして位置づけられるなど，両施設の社会的意義が積極的に見出された。また，大都市圏では保育所不足が顕在化する中，1990年代以降に幼保一元化の議論が盛んに取り上げられ，近年では幼保一体化施設としての「認定こども園」が続々と創設されている。

　しかし早くも戦前の1920年代には，すでに上記に類似した議論が登場していたことはあまり知られていない。さらに児童貧困の問題を見ても，1910年代に国家の根幹をなす問題として，少年や婦人における労働問題と関連させながら児童保護が強く求められたという事実を知る人も少ないだろう。そこで，本節では当時の代表的な社会事業家である海野幸徳の「託児事業論」と，高田慎吾の「児童保護論」を取り上げ，現代日本の子ども家庭に関する諸施策にどのようなメッセージを与えているのかについて考える。ただし，このような議論をめぐって当時活躍した社会事業家は数多く存在する。現に倉橋惣三をはじめ，大原孫三郎，生江孝之，小河滋次郎，大林宗嗣など錚々たるメンバーが，幼保一元化論や児童保護研究に関与していた。

　では，なぜ本節があえて海野と高田の所説を取り上げるのかについてだが，それは両者とも労働問題と関連づけて議論していたからである。前節第2項

41

で述べたように，子育て家庭にとって，いかに「仕事と子育て」をうまく両立させていくかが課題である。海野と高田はこの点を早くから強く意識し，当時の家庭支援のあり方や子ども・子育て支援について一つの方向性を示した。そこで，まずはこの2人の所説を取り上げることで，本章の学びのポイント③にあたる，現代とのつながりや関係性を把握することが本節の目的である。

（2）子ども家庭支援をめぐる議論──海野幸徳・高田慎吾の所説から

前述したように，本節では幼稚園や保育園の意義・役割や幼保一元化という観点から海野幸徳を，児童貧困問題や児童保護という観点から高田慎吾を取り上げる。

1）海野幸徳の「託児事業論」

前述したように，少子化と保育所不足を背景に，日本で幼保一元化論に関わる動きが見られたのは1990年代以降のことである。だとすれば，幼保一元化論は今日的なことのように思われがちだが，決してそういう訳ではない。歴史を振り返ると，幼稚園は1926（大正15）年に「幼稚園令」によって法的に規定された。さらに，幼稚園のあり方の規定の起源をさかのぼると，1899（明治32）年に公布された「幼稚園保育及設備規程」が出発点である。

それに対して，保育所（戦前では託児所）が法的に規定されたのは，1938（昭和13）年の「社会事業法」である。1920年代の終わりに，「農繁期託児所」と呼ばれた農村部の託児所の急増と託児所制度化の要求の高まりが社会的認知につながった。そして，当時の託児所制度化に大いに貢献した社会事業家の一人が，海野幸徳（1879-1954年，佛教大学教授のち龍谷大学教授，京都府嘱託）である。1920年代は労働と生活のルール基盤構築のスタートラインであり，海野はいち早く日本における託児所の社会的意義（目的と使命）について言及した。

具体的には，海野は1920（大正9）年に「婦人の労働権」として女性の経

第2章　子ども家庭支援をめぐる歴史的あゆみ

済的自立を強く主張した。さらに，「男子も亦母であり，家庭の人でなければならぬと思う。男は外，女は内と言うような分業は，今や廃案という姿である。子供の教育は男と女とでやり，女性的教育というような不十分のものであってはならない。家庭もその通り」と性別役割分業を否定した上で，「児童はなるべく家庭で保護されるべきで，託児所は余儀なく開設されるもの」という立場をとり，幼稚園は「教育所」として，託児所は「子ども預かり所」として，各々の役割を明確に区別して考えていた。しかし海野は，1924（大正13）年になると，託児所が次世代育成支援に寄与する「国民造成の機関」であるとして積極的意義を持ちうる可能性にも言及した。それは，幼稚園（「教育所」）と託児所（「子ども預かり所」）の二元的運用を肯定し，就学前教育機関としての幼稚園と，保護者の労働能率向上のための機関としての託児所の区別を強調するかたちで主張された。

　ところが，1920年代の終わりには，農村部の託児所が問題になるにつれて，海野の託児事業論の論調に変化が現れた。さらに，1930（昭和5）年には，都市部の託児所は教育的機関となるべきものであるのに対して，農村部の託児所は社会的，保育的機関であるとし，都市部の託児所と農村部のそれとの違いについて言及しながら論を展開した。つまり，都市部の託児所は「子ども預かり所」というよりは「教育所」（ゆくゆくは幼稚園と一元化されるべき施設）であることが期待され，農村部の託児所は，農繁期に一時的に子どもを預かるための教育所というよりは，子ども預かり所であってよいと考えたのである。ここに取り上げた海野による「託児事業論」の背後には，人口の〈質〉に対する関心がある。そして，人口の〈質〉の観点に立って託児所の積極的意義を見出すという姿勢が，当時の託児所の質的向上や，幼稚園と託児所の一元化を示唆する議論に結びついていった。

　では，1930年代に入ると農繁期託児所は，どこまで普及していったのだろうか。中央社会事業協会の調査によると，農繁期託児所は1916（大正5）年に1カ所設立されたことを機に，1920年代の終わりから急激に普及し，1933

43

（昭和8）年には5,745カ所（うち常設550カ所）にまで増えた[15]。また1927（昭和2）年に，大阪の地で最初の農繁期託児所が開設された。その前にも他の地域で農繁期託児所が設置された経緯はあったものの，同府では，地方公共団体が積極的に関わって農繁期の託児所開設奨励に着手したという点を特筆すべきである。当時，大阪府社会事業主事であった川上貫一（1888-1968年）は，新聞紙上で託児所の社会的機能を強調した[16]。

　また，当時の農繁期託児所の普及には，報道機関も大きく貢献した。特にこの川上の論説を掲載した大阪朝日新聞社は，1928（昭和3）年に社内に社団法人朝日新聞社会事業団を創立して農繁期託児所の普及に尽力した。同年には，『農繁期託児所の手引』，1931（昭和6）年には『農繁期の託児所』，1932（昭和7）年には『農繁期託児所の経営法』など，農繁期託児所に関する著書を次々と出版すると同時に，農繁期託児所の設置，運営に関わる情報を積極的に提供し続けた。さらに同事業団は，1929（昭和4）年から優良な農繁期託児所に助成金と慈愛旗及び賞状を贈る事業も始めた。当時の調査によれば，1932（昭和7）年には204カ所の託児所が優良託児所として表彰を受けていた[17]。

　ここで改めて海野の託児事業論を整理すると，海野の1920年代における都市を舞台とする幼稚園と託児所の対比は，託児所の質的向上という政策課題へとつながった。翻って，1920年代の終わり以降の農村における託児所設置の議論は，託児事業に積極的な意義を持たせることに貢献した。事実，1930年代における農繁期託児所の急速な普及は，社会事業法の中に「社会事業としての託児所」という法的位置づけが明文化された。加えて，戦前の託児事業をめぐる動向は，仕事と生活の関係性をめぐる原点であり，現在においても日々問われ続けている。

2）高田慎吾の「児童保護論」

　高田慎吾（1880-1927年）の児童問題研究の出発点は，1909（明治42）年に就職した東京市養育院時代である。高田は児童部巣鴨分院の主任として，分

院運営に献身した。この頃，高田が強く関心を持っていた仕事は，児童の身元を調べて身分帳を作成するというものであった。入所する児童の一人ひとりが，いかなる環境にありどのような経緯をたどってきたのか，個々のケースを見ることで，育児事業がいかに重要な任務であるのかを実感していた。このような養育院の経験は，後に高田自身が「児童問題研究」の原点として回顧するほど極めて重要な時期であった。

　しかし，養育院での仕事が事務的になるにつれて，高田はより幅広く児童保護について研究したいという思いに駆られ，1912（明治45）年に渡米した。高田の視察対象は孤児院，保育所，家庭委託制度などであり，各社会事業の運営状況の把握に努めた。アメリカの孤児院について，その多くは「集合制度」よりも「小舎制度」を取り入れていたことがわかった。さらに小舎制度は，児童の身の回りを世話することに重点を置いた「救護所」の役割だけでなく，「教育所」や「学校」という役割も果たしていた点を知ることになる。しかし，当時のアメリカでは，院内教育には教育の質向上のために高度な教育指導と多額の費用を投じなければならないという理由から，院内教育よりも家庭委託の方を重視する傾向にあった。

　また，保育所（託児所）についても，アメリカでは，施設で児童の救済にあたるよりも「家庭保全」を救済の基盤に置いていたため，保育所はあくまで慈善事業であるという考えが強かった。こうしてアメリカの児童問題を一通り見てきた高田は，当時の日本において乳児の保護がいかに不十分であるかという結論にたどり着いた。つまり，乳幼児期にたくましく育たなければ，成長してからもゆくゆくは養育院などの施設に入所してしまうような貧困児童を生み出しかねないと考えたのである。さらに，児童が貧困に陥る根源は出生時の境遇にあると捉えた高田は，棄児の問題へ，さらには棄児になりやすいのは私生子であったことから私生子の問題にまで踏み込んで，児童貧困の構造的特質を明らかにしようとした。加えて，児童の貧困問題は婦人の労働問題と密接に関係しているため，その人たちから生まれてくる児童の環境

も考慮に入れるべきだとも主張した。

　以上から，高田は日本における児童問題について，保護者が養育困難で，家庭内での保護を受けられない遺児や棄児あるいは私生子などの貧困児童が，保護の対象になると考えていた。つまり，保護の対象範囲は，あくまで児童が家庭内で養育されることを前提にした限定的なものであったことがわかる。

　ところが，高田が1919（大正8）年に大原社会問題研究所の幹事に就任して以降，思想的変化が見られた。それは，児童保護を「慈善救済事業」として捉えていたこれまでとは違い，保護の対象範囲を，特定の児童から一般家庭の児童へ拡げるとともに，さらには婦人の労働問題の関連で論じていった点にある。この頃の高田は「一國文明の發達程度は児童保護の施設如何に依りて計り知ることができる」とまで述べ，児童の貧困問題ならびに児童保護問題が，国家社会の重要な任務であると位置づけた。(19)そしてこの問題を，家庭，生物学的基礎，経済的基礎，知識的要素，の4つの観点から捉えた。

　順に見ていくと，高田は，児童を養育するのに最も適している場所は家庭だとし，児童をむやみに家庭から引き離さぬような形で家庭生活の健全な発達を促し，必要に応じて指導や社会的扶養を通して家庭における児童養育を完結させることが重要であると述べた。また生物学的基礎とは，児童が優良児として成長するためには心身ともに健全な親から生まれることが重要であり，また親は，心身ともに健全な子を生む義務を負うと考えた。つまり，高田は児童保護を優生学の観点から捉えたのである。

　経済的基礎については，児童の養育には一定の経費を必要とするが，貧困家庭ではその経費を賄えず，児童に十分な養育を行えない。現に幼児死亡率の原因の多くは貧困からきており，家庭での児童養育が困難な場合は社会で扶養する必要が出てくる。そこで，児童の社会的扶養は国家的施設と民間施設の両面から実施されていった。

　この時期に運用されていた児童救済のための法令は，具体的には，主に「棄児養育米給与方」および「恤救規則」の2つであった。また，一家の生

計が父親の収入だけでは不十分な場合は，当然母親も働かなければならなかった。さらに，学齢期にあった児童も一家の収入を増やすために働く必要があり，それは前述の母親の労働問題に加え，少年の労働問題へと発展する。そして高田が，母親の労働問題と関係して「育児の社会化」を提起した時期に実際に発達したのが保育所あるいは託児所であった。託児所の目的は，親の勤務中に幼児を預かり保育することである。その上で高田は，保育所に対して，これまでの「慈善事業」としてではなく，施設そのものに母親の育児に対する社会教育的な要素を求めた。

　こうして高田は，児童の養育はもはや家庭内だけでは限界であり，社会的協力に頼らざるを得ない状況から，児童養育の社会化は当然の成り行きだと結論するに至った。また高田は，保育所の他にも育児の社会化に関する施設として，児童相談所を取り上げた。同施設は児童の発育に必要不可欠な設備として位置づけられた。さらに，「牛乳其他栄養品の供給」「児童病院」などの施設も，育児の社会化に挙げられていた。そして高田は，これらの施設を順次整備していけば，就業女性の育児負担が軽減され，仕事との両立がしやすくなると考えた。

　知識的要素とは，児童の親となるための知識や教養のことをいう。幼児の死亡は，前述の貧困に加え，親に育児上の知識が無いことも起因していた。そこで，幼児保育に関する知識の普及のために，「育児相談所（大阪に児童相談所）」「育児共励會（ベビーコンテスト）」「児童展覧會」「少女に對する育児法の教養」「ベビー・ウォーク」などが，社会事業として行われていった。

　このように見ていくと，高田が児童問題研究を展開していく中で提起した点は，当時の家庭保護のあり方や子ども家庭支援についての一つの方向性を示しただけでなく，1世紀近くが経過した現代においても，なお相通ずるものがある。

（3）先人たちによる現代への問いかけ

　では，私たちは海野や高田の思想から何を学ぶべきだろうか。本項では「育児の社会化」「家庭内養育」「伴走型支援」に着目して，先人たちによる現代への問いかけを紐解いていく。

1）育児の社会化と家庭内養育

　前述したように，現代の家族や家庭を取り巻く環境から生じる諸問題として，仕事と生活の両立困難，親から子へ引き継がれる貧困の連鎖，児童虐待などが起こっている。

　わが国における仕事と生活の両立をめぐっては，「ワーク・ライフ・バランス」が論壇を賑わせている。ワーク・ライフ・バランスとは，「仕事と生活の調和」を意味し，「Work and Life Balance」の頭文字をとって「WLB」と略される（以下，WLB）。WLB 実現のために官民が一体となって取り組み，2007（平成19）年に「仕事と生活の調和（ワーク・ライフ・バランス）憲章」（以下，憲章）および「仕事と生活の調和推進のための行動指針」（以下，行動指針）が策定された。その後，憲章や行動指針は2010（平成22）年に改訂されている。憲章や行動指針は，WLB を「誰もがやりがいや充実感を感じながら働き，仕事上の責任を果たす一方で，子育て・介護の時間や，家庭，地域，自己啓発等にかかる個人の時間を持てる健康で豊かな生活ができるような社会の実現」としている。

　以上から，WLB は，一見すると2000年代に登場したかのように見える。しかし，すでに見てきたように，海野の託児事業論は，婦人の労働権や保護者の労働能率向上という視点を踏まえながら，託児所（現在の保育所）に社会的意義（育児の社会化）を見出し，託児所の質的向上に大きく貢献した。それを考慮すると，WLB に類似した考え方は，すでに戦前から議論されてきたということになる。私たちが今後子ども家庭支援のあり方を考える時，この点をどのように捉えていくかが，先人たちの問いかけの一つである。

　また，児童の虐待や貧困などを理由に，親元で暮らせない子どもを養育す

る「社会的養護」のあり方が問われている。社会的養護とは，前述の理由で保護を必要とする子どもを，施設や里親家庭などの社会の受け皿で育てる仕組みである。施設には，0歳児を育てる乳児院（140カ所），18歳までの子どもが暮らす児童養護施設（605カ所），10代後半の子どもたちが共同生活を送りながら自立を目指す自立援助ホーム（154カ所）のほか，児童心理治療施設（46カ所），児童自立支援施設（58カ所），母子生活支援施設（227カ所）がある。他方，里親家庭については，都道府県などの認定を受けた里親（4,245世帯）や，定員5～6名の子どもを養育するファミリーホーム（347カ所）がある。[20]

　現在，保護を必要とする子どもの数は約4万5,000人にも上り，その多くは施設に入所している。現に2016（平成28）年度末で，乳児院および児童養護施設の入所者数の計約2万8,000人に対し，里親家庭とファミリーホームで暮らす児童数は計約7,000人である。また，里親委託率の推移を見ても，2006（平成18）年度末の9.5％から2017（平成29）年度末は19.7％に上昇したものの，2割にも満たない状況である。[21]

　そこで政府は，子どもをできるだけ家庭に近い環境で育てるべきであるとして，今後は施設から家庭へ養育の場を移す方向に舵をとりつつある。具体的には，厚生労働省の「新しい社会的養育ビジョン」では里親委託率について，3歳未満は5年以内に，それ以外の就学前の子どもについては7年以内に委託率75％以上を実現し，学童期以降は概ね10年以内を目途に里親委託率50％以上にするという目標が掲げられた。加えて，特別養子縁組の年間成立件数を概ね5年以内に1,000件以上にするとしている。ただし，現在の委託率が目標値には程遠い割合であることを考えると，日本において血縁関係の無い子どもを育てるという重責等から，なかなか里親になりにくいのが実情である。

　以上が，社会的養護に関する現状と課題だが，こうした議論は現在に始まったことではない。海野と同じく高田の児童問題研究でも，すでにこの点について触れられていた。高田も最初は家庭内養育に重きを置いていたが，家庭内だけでは子どもの貧困問題の構造的特質を明らかにできないとして，

女性の労働問題と結びつけ，育児の社会化を提起した。ともすれば，里親の委託率を目標に近づけるためには，血のつながらない子どもを育てるという責任感へのサポートだけでなく，里親の家庭状況，つまり里親の WLB についても支援が必要であることを示唆している。

2）伴走型支援の一形態

　東京市養育院時代の高田の一番の関心は，子どもの身元を調べて身分帳を作成する仕事だった。それは，入所する子どもの家庭環境や成育歴を調べ，記録を取り続けることで，個別化して支援することを目的としていた。現代でも保育者の役割には，保護者の子育ての悩みに寄り添い，保護者自身が自ら解決の糸口を見つけるまで見守る姿勢が求められている。昨今で言う所の「伴走型支援」である。高田は保護者を対象としていたわけではないが，伴走型支援の一形態を，身分帳という媒体で見出そうしていた。

　また，高田のいう身分帳とは性質が幾分異なるが，それに近いものとして，今日，保護者との連携を図るためのツールとして頻繁に利用されているのが「連絡帳」である。だとすれば，その書き方を工夫，改善することで，伴走型支援の一助になるのではないだろうか。ただし近年，保育者の事務作業の過剰負担が問題になっている。そこで，連絡帳に積極的な意義を見出す一方で，作業負担の軽減も合わせて考えなければならない。

　さらに，連絡帳に代わるものとして，近年，保育実践における「ドキュメンテーション」や「ポートフォリオ」が注目されている。ドキュメンテーションとは，「保育実践の記録」である。これは，保育者の保育実践における指導方法の内省にとどまらず，子どもにとっては自身の行動ないしは活動の省察，保護者にとっては保育実践によって成長する子どもの姿の把握というように，三者それぞれに有効な機能を持つ。このように，伴走型支援の形態は，高田の身分帳から連絡帳，さらにはドキュメンテーションと形を変えつつも，子どもの成長を記録するといった点では共通しており，今後もどのように記録を残していくかが問われていくだろう。

3 本章のまとめ

　本章では，日本の子ども家庭支援をめぐる動向のあゆみを戦前からたどることで，現代的な諸政策と深く関連していることを考察した。1990年代に少子化が行政課題として浮上して以降，子ども家庭支援に関する施策は，仕事と生活の両立支援，次世代育成支援などを軸に新しい問題として論じられてきた。しかしながら，これらに似た議論はすでに約1世紀前の1920年代から考えられていたことを，私たちは知っておく必要がある。

　にもかかわらず，なぜこれらの諸施策は，現在「新しい」問題として捉えられているのだろうか。それは，日本の社会経済状況に深く関係する。周知のように，高度経済成長期は日本経済を飛躍的に成長させただけでなく，国民の生活水準も上がり，貧困をはじめとするあらゆる社会問題は解決されたかのように見えた。それゆえ，先人たちの問題意識や取り組みは影をひそめ，現代とのつながりにおいて断絶ともいうべき事態を招いてしまった。しかし，1990年代以降，経済のメカニズムに歪みが生じると，再び上記の社会問題が露出し，改めて先人たちの問題意識や取り組みに似た施策が「新しい」問題として論じられている。

　だからこそ，本章で注目した海野や高田による託児事業の社会的意義の理解や実践，さらには児童貧困問題の取り組みから，現代の私たちが学ぶべきことは多い。たとえば，海野の託児事業論で挙げられていた優良な農繁期託児所に助成金と慈愛旗及び賞状を贈る事業は，現代の保育や保育者の社会的意義や質的向上のヒントになるかもしれない。

　また，高田が児童貧困問題，ひいては児童保護問題を，家庭，生物学的基礎，経済的基礎，知識的要素，の4つの観点から捉えた時，知識的要素で取り上げた事業は，現在の地域子育て支援につながる可能性を秘めている。さらに，子ども家庭支援をめぐっては，およそ1世紀以上も前から，仕事と生

活の両立，つまり WLB という視点が問われ続けている。それゆえ，今後も子ども家庭支援に関する施策を展開するにあたっては WLB を軸に取り組む必要があるだろう。

さらに考えてみよう
---

① 今後も家族の団らんの場，絆を強め成長する場など，家庭が果たすべき役割を維持していくためには，何が求められるのか考えてみよう。

② 子ども家庭支援に対する日本のこれまでの取り組みの中で，戦前から現代まで続いているものは何なのか，共通事項を探してみよう。

③ 戦前の子ども家庭支援に関わる社会事業家は，本章で挙げた海野や高田以外にも数多くいる。彼らの活動に注目してその動向をたどってみよう。

注
(1) 森岡清美・望月嵩『新しい家族社会学 四訂版』培風館，1997年，4頁。
(2) 本章で「きょうだい」と表現する場合は，兄（姉）弟や姉（兄）妹などを含む。
(3) 橋本真紀・山縣文治編『よくわかる家庭支援論』ミネルヴァ書房，2011年，20頁。
(4) 内閣府「国民生活に関する世論調査」2018年，22頁。
(5) 厚生労働省「平成29年度 国民生活基礎調査の概況」2017年，12頁。
(6) 国立社会保障・人口問題研究所「第15回出生動向基本調査」2015年，22頁。
(7) 成清美治・真鍋顕久『家庭支援論・保育相談支援』学文社，2017年，47頁。
(8) 内閣府『男女共同参画白書 平成30年版』2018年，73頁。
(9) 同前書，75頁。
(10) 内閣府『少子化社会対策白書 平成26年版』2014年，20頁。
(11) 厚生労働省「子ども虐待による死亡事例等の検証結果等について（第14次報告）」及び「平成29年度の児童相談所での児童虐待相談対応件数」2018年。
(12) 厚生労働省「報道発表資料」2018年8月30日。
(13) 内閣府『子供・若者白書 平成28年版』2016年，10頁。
(14) 杉田菜穂・大城亜水「戦前日本における託児事業論の形成と展開」『経済學雑

誌』118(1)，2017年，58頁。

(15)　同前書，62頁。

(16)　同前書，65頁。

(17)　同前書，67-69頁。

(18)　「集合制度」は1,000人程度の孤児を受け入れる施設であり，「小舎制度」は25人程度の規模の施設である。

(19)　大原社会問題研究所『児童問題研究』同人社書店，1928年，6頁。

(20)　厚生労働省「社会的養育の推進に向けて」2019年，2頁。

(21)　同前書，23頁。

(22)　鬼塚和典「保育ドキュメンテーションを媒体とした保育所保育と家庭との連携・協働に関する研究」『保育科学研究』7，2016年，39頁。

参考文献

杉田菜穂『人口・家族・生命と社会政策——日本の経験』法律文化社，2010年。

杉田菜穂『〈優生〉・〈優境〉と社会政策——人口問題の日本的展開』法律文化社，2013年。

玉井金五・久本憲夫編『社会政策Ⅱ　少子高齢化と社会政策』法律文化社，2008年。

内閣府『少子化社会対策白書　平成30年版』2018年。

内閣府『男女共同参画社会白書　平成30年版』2018年。

久本憲夫・玉井金五編『社会政策Ⅰ　ワーク・ライフ・バランスと社会政策』法律文化社，2008年。

┌─── コラム2　法政大学大原社会問題研究所 ───

　社会問題研究の歴史を振り返るのであれば，大正時代から行政に代わって都市社会問題に積極的に取り組んだ民間財団が存在したことを忘れてはならない。現在の法政大学大原社会問題研究所はその代表である。当時の日本は，労働問題や住宅問題，衛生問題などあらゆる都市社会問題に正面から向き合わなければならなかった時代であり，それらはもはや国家行政では対応しきれない範囲にまで広がっていた。そこで，民間人の寄付を募り，民間人の運営で問題に取り組んだ組織の一つが同研究所である。研究所の生みの親である大原孫三郎を筆頭に，第2章で取り上げた高田も研究員の一人として，当時の日本における社会システムの改良や社会的貧困の発生を防ぐことに大きく貢献した。

<table>
<tr><td>第3章</td><td>子ども家庭支援に関わる法律・制度</td></tr>
</table>

—— 学びのポイント ——

　法律・制度と聞くと難しいイメージを感じ，現場の保育内容と切り離して考えてしまうのではないだろうか。

　法律・制度は，社会情勢に影響を受け，時代とともに変遷していく。関連法律に基づく子ども家庭支援に関連する諸制度について，その成り立ちや理念を理解しておくことは，支援の質を高めることにもつながる。法律に基づきサービスが成り立っていることから，子育てを取り巻く社会的環境や子育てニーズへの適切な対応のために，関連法律を理解しておくこともまた重要である。

1　子ども・子育てに関わる法律体系

（1）子ども家庭支援の対象

　子ども家庭支援は，文字通り「子ども」と「家庭」のために，子どもの最善の利益の保障を目的に，子育て家庭を社会で丸ごと支えていこうとする営みである。

　一般的に「子ども」とは，幼い年齢の者を想定するであろう。児童の権利に関する条約や児童福祉法，民法などには，子どもの定義が法的根拠として提示されている。子ども・子育て支援法や認定こども園法などの法律名に見られるように「子ども」という表記を使用している法律もあるが，「子ども」と「児童」という概念は，概ね同等の枠組みで捉えてもよい。

　また子どもと同じ意味を表現する用語には，少年や未成年，乳児や幼児といった言葉もあり，個々に法律によって定義づけられている（表3-1）。

表 3-1　子どもの名称と定義

法律・条約	名称	定　　義
児童の権利に関する条約　第 1 条	児　　童	18歳未満のすべての者 （条約批准国では児童の定義は共通となる）
民法　第 4 条	未成年者	20歳に満たない者
児童福祉法　第 4 条	児　　童	満18歳に満たない者 乳児（満 1 歳に満たない者） 幼児（満 1 歳から，小学校就学の始期に達するまでの者） 少年（小学校就学の始期から満18歳に達するまでの者）
子ども・子育て支援法　第 6 条	子ども	18歳に達する日以後の最初の 3 月31日までの者
就学前の子どもに関する教育，保育等の総合的な提供の推進に関する法律（認定こども園法）　第 2 条	子ども	小学校就学の始期に達するまでの者
母子及び父子並びに寡婦福祉法　第 6 条	児　　童	20歳未満の者
児童扶養手当法　第 3 条	児　　童	18歳に達する日以後の最初の 3 月31日までの者又は20歳未満で政令で定める程度の障害の状態にある者
学校教育法　　第26条 　　　　　　　第36条	幼　　児	3 歳から小学校就学の始期に達するまでの者
	学齢児童	小学生
労働基準法　第56条	児　　童	15歳に達した日以後の最初の 3 月31日までの者

出所：労働基準法等を基に筆者作成。

　次に家庭について，森上史朗らによると「家庭とは，近親者を中心とした人の集まりで，社会の最小単位であるところの家族が日常生活を営む場 (home) として位置付けることができる」とし，家族は「夫婦の配偶者・親子・きょうだいなど血縁関係によって結ばれた親族を基礎にして成り立つところの小集団であり，社会を構成する基本単位である」と述べている。

　つまり，第 2 章で前述したように家族は「人」であり，家庭は具体的にそ

第3章　子ども家庭支援に関わる法律・制度

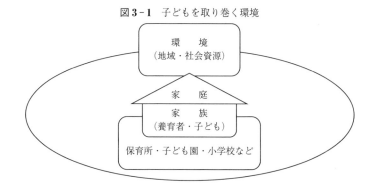

図3-1　子どもを取り巻く環境

の人たちが生活する場であり、枠組みである。子どもと保護者・家庭を支援する上での対象は、子ども自身・保護者、それを営む場となる家庭、ということができる。

社会の最小単位である家庭を構成している家族は、子どもが初めて出会う社会でもあり、他者と出会う最初の人的環境であることを認識すべきである。また、日々の保育を通して家族との関係性を構築しやすい、最も身近な第三者である保育者は、社会資源・関係機関との連携、不適切な養育・ハイリスク家庭などへの支援にも関わっていく（図3-1）。

（2）子ども・子育て支援に関わる法律

子ども・子育て支援に関する法律は、日本国憲法を最上位に、国家間の国際的取り決めである条約に次いで、社会福祉・教育・医療関係法規と多岐にわたる。

1）日本国憲法

日本国憲法（1946〔昭和21〕年公布）において「社会福祉」という言葉が初めて登場する。第25条には「すべて国民は、健康で文化的な最低限度の生活を営む権利を有する。2　国は、すべての生活部面について、社会福祉、社会保障及び公衆衛生の向上及び増進に努めなければならない」と規定してい

る。つまり，日本国民の健康で文化的な最低限度の生活を営む権利（生存権）の保障は国家責任であり，社会福祉，社会保障および公衆衛生の向上及び増進に努め，国民のすべての生活部面に関して保障していくことは，国家の努力義務である。

2）児童の権利に関する条約

条約とは，国家間の合意であり，国際法に相当する国際的取り決めである。児童福祉の上位に位置づけられる条約に「児童の権利に関する条約」がある。本条約は，国際人権規約や児童の権利に関するジュネーヴ宣言，児童の権利に関する宣言を受け継ぎ，①生きる権利，②育つ権利，③守られる権利，④参加する権利，の4つの権利を条約の柱に，権利の主体を子どもに置き，生命，養育，発達保障，教育保障などに関する子どもの権利について規定している。

3）子ども・子育て関連法律

子ども・子育てに関する法律には，児童福祉法をはじめ，子ども子育て支援法，母子及び父子並びに寡婦福祉法，児童手当法，児童扶養手当法，特別児童扶養手当等の支給に関する法律，母子保健法等，多岐にわたる。

① 子どもの権利について

子どもの権利について理念を示した国内用の子どもの権利宣言として「児童憲章」（1951〔昭和26〕年5月5日制定）がある。本憲章は，宣言であるため法的拘束力を有しないが，日本が示すべき子どもに対する姿勢を明瞭かつ簡潔にまとめたものである。本憲章は，前文及び12か条から成り，児童の権利を社会全体が自覚した上で責任を持ち，常に実現に向けた努力を怠らないことを謳っている。

② 児童福祉法

本法は，2016（平成28）年に大幅な改正がなされた。改めて「児童の権利に関する条約」の精神に則り，子育ての責任，子どもの最善の利益を考えた子育て支援，養育環境のあり方，などが明記された。

第3章　子ども家庭支援に関わる法律・制度

表3-2　児童福祉法の理念と責務（2016（平成28）年改正後）

第1条　児童福祉の理念

　全て児童は，児童の権利に関する条約の精神にのつとり，適切に養育されること，その生活を保障されること，<u>愛され，保護されること</u>，その心身の健やかな成長及び発達並びにその自立が図られることその他の福祉を等しく保障される権利を有する。

第2条　児童育成の責任

　全て国民は，児童が良好な環境において生まれ，かつ，社会のあらゆる分野において，児童の年齢及び発達の程度に応じて，その<u>意見が尊重され</u>，その<u>最善の利益が優先</u>して考慮され，心身ともに健やかに育成されるよう努めなければならない。

②児童の保護者は，児童を心身ともに健やかに育成することについて<u>第一義的責任</u>を負う。

③国及び地方公共団体は，児童の保護者とともに，児童を心身ともに健やかに育成する責任を負う。

注：下線筆者。
出所：児童福祉法を基に筆者作成。

　第1条には「愛され」という表現を用い，法律には不似合いな情緒的表現が盛り込まれている。「児童の権利に関する条約」に記されている「子どもの最善の利益（the best interests of the child）」が示すように，その利益は互恵的かつ，子どもにとっての最善の利益を構築していくことを要求しているのである（表3-2）。

　また，本法の成り立ちから戦災孤児救済目的の児童福祉という背景から特定の児童を対象としていた限定的福祉であって，国及び地方公共団体の責任がその中心であったことを考えると，子育ての第一義的責任が保護者にある点が改正において明記されたことは重要な視点である。その上で，保護者の子育てに対する社会的なサポートについては，国や地方公共団体がその責任を負う点を示したのである（第二義的責任）。

　本法において子育て支援事業とは，児童の健全な育成のために，市町村の責務の上で，「放課後児童健全育成事業・子育て短期支援事業・乳児家庭全戸訪問事業・養育支援訪問事業・地域子育て支援拠点事業・一時預かり事業・病児保育事業・子育て援助活動支援事業・児童及びその保護者又はその他の者の居宅において保護者の児童の養育を支援する事業・保育所その他の

表3-3　子育て支援事業の概要（児童福祉法　第6条3・第21条9）

放課後児童健全育成事業 （同法6条3②）	小学校に就学している児童であって，その保護者が労働等により昼間家庭にいないものに，授業の終了後に児童厚生施設等の施設を利用して適切な遊び及び生活の場を与えて，その健全な育成を図る事業。
子育て短期支援事業 （同法6条3③）	保護者の疾病その他の理由により家庭において養育を受けることが一時的に困難となつた児童について，児童養護施設その他の施設に入所させ，その者につき必要な保護を行う事業。
乳児家庭全戸訪問事業 （同法6条3④）	市町村の区域内における原則として全ての乳児のいる家庭を訪問することにより，子育てに関する情報の提供並びに乳児及びその保護者の心身の状況及び養育環境の把握を行うほか，養育についての相談に応じ，助言その他の援助を行う事業。
養育支援訪問事業 （同法6条3⑤）	乳児家庭全戸訪問事業の実施その他により把握した保護者の養育を支援することが特に必要と認められる児童（「要支援児童」），若しくは保護者に監護させることが不適当であると認められる児童及びその保護者，又は出産後の養育について出産前において支援を行うことが特に必要と認められる妊婦（「特定妊婦」）に対し，その養育が適切に行われるよう，当該要支援児童等の居宅において，養育に関する相談，指導，助言その他の必要な支援を行う事業。
地域子育て支援拠点事業 （同法6条3⑥）	乳児又は幼児及びその保護者が相互の交流を行う場所を開設し，子育てについての相談，情報の提供，助言その他の援助を行う事業。
一時預かり事業 （同法6条3⑦）	家庭において保育を受けることが一時的に困難となった乳児又は幼児について，主として昼間において，保育所，認定こども園，その他の場所において，一時的に預かり，必要な保護を行う事業。
病児保育事業 （同法6条3⑬）	保育を必要とする乳児・幼児又は保護者の労働，若しくは疾病その他の事由により家庭において保育を受けることが困難となった小学校に就学している児童であって，疾病にかかっている者について，保育所，認定こども園，病院，診療所その他の施設において，保育を行う事業。
子育て援助活動支援事業 （同法6条3⑭）	次に掲げる援助のいずれか又は全てを受けることを希望する者と，当該援助を行うことを希望する者（個人に限る。「援助希望者」），との連絡及び調整並びに援助希望者への講習の実施その他の必要な支援を行う事業。 一　児童を一時的に預かり，必要な保護（宿泊を伴って行うものを含む）を行うこと。 二　児童が円滑に外出することができるよう，その移動を支援すること。
主務省令で定めるもの （同法21条9）	一　児童及びその保護者又はその他の者の居宅において保護者の児童の養育を支援する事業。 二　保育所その他の施設において保護者の児童の養育を支援する事業。 三　地域の児童の養育に関する各般の問題につき，保護者からの相談に応じ，必要な情報の提供及び助言を行う事業。

出所：児童福祉法を基に筆者作成。

第3章　子ども家庭支援に関わる法律・制度

施設において保護者の児童の養育を支援する事業・地域の児童の養育に関する各般の問題につき，保護者からの相談に応じ，必要な情報の提供及び助言を行う事業」というと具体的に規定している（21条8，21条9，各事業については表3-3参照）

③　子ども・子育て支援法

子育てをめぐる環境の厳しさ，保育所待機児童，仕事と子育ての両立の難しさ，幼児教育の質保証や保育ニーズへの対応などの社会的な課題が山積していることは周知の通りである。

このような複雑な社会問題に対処すべく，子育てがしやすい社会のあり方に向けて，国・社会・地域がその責任として「わが事」という姿勢により，子どもや家庭を支援する新システムを構築していく目的を示した根拠法律が本法である。

本法は児童福祉法と相まって，子ども及び子どもを養育している者に必要な支援を行い，子どもが健やかに成長することができる社会の実現を目的（第一条）としている。そして，保護者の子育てに関する第一義的責任の認識に基づき，社会のあらゆる分野におけるすべての構成員が，各々の役割を果たし，相互に協力して子育て支援を行うこと（第2条）を理念として明記しているのである。当理念に基づき，市町村は「市町村子ども・子育て支援事業計画」に従って，地域子ども・子育て支援事業（表3-4）を実施する（第59条）のである。

④　子育てへの経済的支援

子ども・子育てに関連した諸手当を定義づけた法律に，児童手当法，児童扶養手当法，特別児童扶養手当等の支給に関する法律などがある。子育てにおいては経済的側面を無視することはできない。例えば，経済的事情から出産を断念，ひとり親家庭の経済的事情，子どもの貧困問題，障害のある子どもの子育てに関する費用など，子育て支援施策には経済的支援が最重要となる。そのため，対象ごとに子育てに関わる経済的支援がなされている。

61

表3-4　地域子ども・子育て支援事業の概要
（子ども・子育て支援法　第59条，児童福祉法　第6条）

子ども及びその保護者の身近な場所において，地域の子ども・子育て支援に関する各般の問題につき，子ども又は子どもの保護者からの相談に応じ，必要な情報の提供及び助言を行うとともに，関係機関との連絡調整その他の便宜の提供を総合的に行う事業。 〈利用者支援事業〉
「保育認定子ども」が，やむを得ない理由により，利用日及び利用時間帯以外の日及び時間において（「時間外保育」）を受けたものに対し，当該支給認定保護者が支払うべき時間外保育の費用の全部又は一部の助成を行うことにより，必要な保育を確保する事業。 〈延長保育事業〉
支給認定保護者のうち，当該支給認定保護者の属する世帯の所得の状況，その他の事情を勘案して市町村が定める基準に該当するもの（「特定支給認定保護者」）に係る支給認定子どもが，特定教育・保育，特別利用保育，特別利用教育，特定地域型保育又は特例保育（「特定教育・保育等」）を受けた場合において，当該特定支給認定保護者が支払うべき日用品，文房具その他の教育・保育に必要な物品の購入に要する費用，又は特定教育・保育等に係る行事への参加に要する費用その他これらに類する費用として市町村が定めるものの全部，又は一部を助成する事業。 〈実費徴収に係る補足給付を行う事業〉
特定教育・保育施設等への民間事業者の参入の促進に関する調査研究，その他多様な事業者の能力を活用した特定教育・保育施設等の設置又は運営を促進するための事業。 〈多様な事業者の参入促進。能力活用事業〉
放課後児童健全育成事業
子育て短期支援事業
乳児家庭全戸訪問事業
養育支援訪問事業
要保護児童対策地域協議会その他の者による要保護児童等に対する支援に資する事業 〈子どもを守る地域ネットワーク機能強化事業〉
地域子育て支援拠点事業
一時預かり事業
病児保育事業
子育て援助活動支援事業 〈ファミリー・サポートセンター事業〉
母子保健法に基づき妊婦に対して健康診査を実施する事業 〈妊婦健康診査〉

出所：子ども・子育て支援法，児童福祉法，内閣府資料「地域子ども・子育て支援事業について」
　　　2015年，を基に筆者作成。

第3章　子ども家庭支援に関わる法律・制度

⑤　児童虐待の防止等に関する法律

　児童相談所への児童虐待相談件数は，1990（平成2）年度の1,101件から2016（平成28）年度には12万2,575件へと約111倍となり年々増加傾向にある。このことは，児童虐待への社会的認識が高まっていることを示す一方で，子育てに対する不安や母親の社会的孤立，不適切な養育に及ぶ保護者の姿があることがうかがえる。

　そのため，本法は，児童の権利を著しく侵害し，その心身の成長及び人格形成に重大な影響を与えるとともに，日本における将来を担う世代の育成にも懸念を及ぼす児童虐待の禁止，予防及び早期発見を目的に，2000（平成12）年に成立した。児童虐待の重篤化，深刻化を受けて，児童虐待を早期発見し，児童の安全を最優先していく対策がとられている。

2　子どもと子育て家庭への支援施策の流れ

（1）少子化対策の開始

　現在，日本は少子化に伴う人口減少社会という課題を抱えている。合計特殊出生率が1989（平成元）年の「1.57ショック」[1]を契機に，年々減少傾向にある。

　子どもと子育てに関して目標数値を示した最初の計画は，文部省・厚生省・労働省・建設省4大臣合意「今後の子育て支援のための施策の基本的方向について」（「エンゼルプラン」1994〔平成6〕年）である。本プランは，今後10年間に取り組むべき児童福祉施策の方向性と重点課題を定めた計画である。

　エンゼルプランを実現するために「緊急保育対策等5か年事業」が策定された。これは，保育所の量的拡大や0〜2歳児の保育の充実，延長保育等の多様な保育サービスの充実，地域子育て支援センターの整備等を図るために，1999（平成11）年度を目標年次として計画整備を進めたものである。

63

次いで，少子化対策推進関係閣僚会議において「少子化対策推進基本方針」（1999〔平成11〕年12月）が策定された。同年同月に，この方針に基づく重点施策の具体的実施計画である「重点的に推進すべき少子化対策の具体的実施計画について（新エンゼルプラン）」が策定された。新エンゼルプランは，従来のエンゼルプランと緊急保育対策等5か年事業を見直したものであり，2000（平成12）年度を初年度として2004（平成16）年度までの5年計画で達成すべき目標数値を定めた。保育サービスはもちろん，雇用対策，母子保健・相談，教育等の事業も加えた幅広い内容であり，包括的に子ども・子育てに対応すべく進められたことが特徴である。

さらに，厚生労働省は「夫婦出生力の低下という新たな現象を踏まえ，少子化の流れを変えるため，少子化対策推進基本方針の下で，もう一段の少子化対策を推進」及び「子育てと仕事の両立支援が中心であった従前の対策に加え，男性を含めた働き方の見直し・多様な働き方の見直し・仕事と子育ての両立の推進・保育サービス等の充実などの柱に沿った対策を総合的かつ計画的に推進」を基本的な考え方に据えた「少子化対策プラスワン」（2002〔平成14〕年9月）を策定実施し，待機児童ゼロ作戦の推進，特定保育事業の創設，地域子育て支援の充実を図った。

（2）少子化対策の展開

その後は，日本における急速な少子化の進行等を踏まえ，次代の社会を担う子どもが健やかに生まれ，かつ育成される環境の整備を図るため，次世代育成支援対策について基本理念を定めるとともに，国による行動計画策定指針並びに地方公共団体及び事業主による行動計画の策定等の次世代育成支援対策を迅速かつ重点的に推進するために必要な措置を講ずることを目的とした次世代育成支援対策推進法（2003〔平成15〕年7月）を施行した。本法は，国や地方公共団体と企業が一体となり，子育て家庭の行動計画を作成し，仕事と子育ての両立にあたって支障となる事項や，保護者のニーズを把握し解

決に向けて取り組むことを定め，2015（平成27）年3月31日までの時限立法として動いてきた。その後，2014（平成26）年に法律の有効期限が延長され，2025年3月31日までとなっている。

同年，日本に多大な影響をもたらす急速な少子化という事態に対して，家庭や子育てに希望を持ち，次代の社会を担う子どもを安心して生み育てることができる環境整備と，子どもが等しく心身ともに健やかに育ち，子どもを生み育てる喜びを感じられる社会の実現を目指して，少子化社会になすべき課題と施策の基本理念を明らかにし，少子化に的確に対処するための施策を総合的に推進することを目的とした少子化社会対策基本法も制定された。

そして，新エンゼルプランの継承と，少子化社会対策大綱（2004〔平成16〕年）に掲げられた4つの重点課題「①若者の自立とたくましい子どもの育ち，②仕事と家庭の両立支援と働き方の見直し，③生命の大切さ，家庭の役割等についての理解，④子育ての新たな支え合いと連帯」に基づく取り組み施策として，2009（平成21）年度までの5年間に講ずる具体的施策内容と目標数値を提示したものが「子ども・子育て応援プラン」であった。

しかし，これまでの関係施策のあり方が，「少子化対策」を主眼としてきたことに対して，「子どもが主人公（チルドレン・ファースト）」という基本的な考えの理念転換を行い，「子ども・子育て支援」へとその観点を改め，社会全体で子育てを支えるとともに，生活と仕事と子育ての調和を図り，次代を担う子どもたちがたくましく育ち，子どもの笑顔があふれる社会構築に向けて，子どもと子育てを全力で社会が応援することを目的として策定されたのが「子ども・子育てビジョン」（2010〔平成22〕年1月）である。

このビジョンを受け，「子ども・子育て新システム」構築への取り組みや「子育て安心プラン」等，子どもと子育てに関する支援計画が国・地方自治体を挙げて積極的に現在も進行中である（図3-2参照）。

図3-2 1990年代以降の子ども家庭支援施策

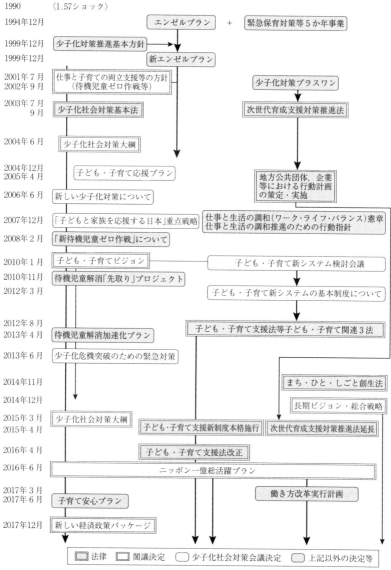

出所：内閣府『少子化社会対策白書 平成30年版』2018年, 45頁。

第3章 子ども家庭支援に関わる法律・制度

3 子ども・子育て支援施策に関わる施策の課題

　子ども・子育て支援施策に関しては，少子化対策が最重要課題であることは言うまでもない。少子化に伴う人口減少は，社会制度や産業構造に重大な影響を及ぼす。例えば，子どもの自主性や人間関係といった社会性を学ぶ機会や，年金などの社会保障に係る負担増，若年労働力の減少等による社会の活力低下等の影響が懸念される。他にも，都市への一極集中と過疎化・限界集落等の地域問題がある。都市では，大都市圏を中心とした住宅事情の厳しさ，出生率低下による子育て世代の減少，地域の教育力の弱体化等も指摘されている。

　こうした状況を踏まえ，少子化の要因や背景を分析しつつ，子ども自身が健やかに育ち，子育てに喜びや楽しみを感じ安心して子どもを生み育てることができる社会を構築していくことに取り組んでいる。

　これまで，子育ては夫婦や家庭の問題と捉えられがちであったが，国や地方自治体はもとより，地域社会・職場環境が果たしていく役割も重要となる。そうした観点から子育てを社会で担う，という視点を構築していくことが必要とされている。国民として，地域の住民として，保育者として，子どもと子育てを皆で担っていく姿勢を意識してほしい。

4 本章のまとめ

　子ども・子育て支援は，保育者が携わる日々の，直接的かつ具体的な支援だけではなく，国や地方公共団体等，社会全体で関わっていくことの重要性を理解したい。また，法律の改正は，その時代の潮流といった社会的背景などの影響を受けることや，子どもや保護者のニーズから制度が生み出されていくことを理解してほしい。

子育ては家庭だけで行えることが理想であろうが，保護者にとって最も身近な保育施設，保育者が地域と家庭をつなぎ，連携と協働の下で，子育てを支えていくことが求められている。子ども・保護者・保育者・地域が一体となって，子どもたちが自分らしく育ち，輝き，成長し，自立していくことができるような社会へと歩みを進めていく努力が求められている。

─── さらに考えてみよう ───

① あなたの生活する地域には，どのような子育て支援サービスがあるか調べてみよう。

② 少子化対策について，その課題を考えてみよう。

③ 保育において，起こりうる子どもの権利侵害について考えてみよう。また，それを防ぐための方法も考えてみよう。

注

(1) 1989（平成元）年の合計特殊出生率が1.57となり，「ひのえうま」という特殊要因により過去最低であった1966（昭和41）年の合計特殊出生率1.58を下回ったことが報告された時の衝撃により，「1.57ショック」と呼ばれている。

参考文献

立花直樹・波田埜英治編著『児童家庭福祉論 第2版』ミネルヴァ書房，2017年。

立花直樹・安田誠人・波田埜英治編『保育実践を深める相談援助・相談支援』晃洋書房，2017年。

内閣府『少子化社会対策白書 平成30年版』2018年。

福祉臨床シリーズ編集委員会編『児童や家庭に対する支援と児童・家庭福祉制度 第3版』弘文堂，2017年。

保育福祉小六法編集委員会『保育福祉小六法 2019年版』みらい，2019年。

松本園子・堀口美智子・森和子著『子どもと家庭の福祉を学ぶ 改訂版』ななみ書房，2017年。

森上史朗・柏女霊峰編『保育用語辞典 第8版』ミネルヴァ書房，2015年。

第3章　子ども家庭支援に関わる法律・制度

コラム3　悪いのは妖怪のせい？

　子育てをしていると，「なんで，いつもすぐに片づけないの！」「どうしてすぐに手が出るの！」「何度言ったらわかるの！」と，ついつい子どもを叱りつける機会が多くなる。子どももそう何度も叱られ続けると，自尊感情が傷つけられ，消極的になったり，気力が失われてくるだろう。こうした際に役立つのが「外在化」と呼ばれる方法である。簡単に言えば，子どもの問題行動を外に取り出し，親子でその問題行動に対処していくという構造を作り上げることである。

　例えば，子どもの癇癪が問題であったら，

　親：「○○ちゃんの中に癇癪を起こさせる妖怪がついてるかもしれないね。それには，まだ名前が付いてないんだけど，名前付けてみる？」

　子ども：「うーん，じゃあ妖怪かんしゃく餅！」

　親：「中々，良いネーミングだね！じゃあ，かんしゃく餅はどんな時に悪さをするの？」

　子ども：「ゲームで負けた時かな。さっきも怒っちゃったし……」

　親：「今度，かんしゃく餅が○○ちゃんに悪さをしようとしたら，どうする？戦う？　逃げる？　てなづける？……」

といった具合に，子ども自身を責めるのではなく，問題のある部分を外在化し，親子で問題（妖怪）に対処していく関係を築くことで，子どもの自尊感情が守られ，問題に前向きに取り組むことが期待できる。このように，「叱る」以外にも，楽しみながら問題に取り組む方法があることを知ると，子育てがさらに面白く感じられるだろう。

<table>
<tr><td>第4章</td><td>子ども家庭支援における
ソーシャルワーク</td></tr>
</table>

── 学びのポイント ───

　本章では，保育所で子ども家庭支援を行う上での，ソーシャルワーク援用の重要性，ソーシャルワークの機能・役割，子ども家庭支援の対象等について述べる。また，ソーシャルワークを援用した子ども家庭支援の展開過程，保育者の役割に関して，海外（スウェーデン・オーストラリア）の保育者とソーシャルワークをめぐる現状等も踏まえながら触れる。

　それにより，保育所でのソーシャルワークを援用した子ども家庭支援のあり方，保育者が担うべき役割等について学び，考える契機としてほしい。

1　子ども家庭支援とソーシャルワーク

（1）ソーシャルワーク援用の重要性

　近年，子どもや子育て家庭を取り巻く状況の変化等から，保育士をはじめとした保育者に求められる役割は，従来以上に大きくなっている。周知の通り，保育者の業務の中心は保育所等における保育（ケアワーク）であるが，同時に，社会福祉に関わる基本的な知識・技術や倫理等を備えた専門職として子ども家庭支援を行うことも求められている（第1章参照）。

　保育者が子ども家庭支援を進めていく上で，子どもと保護者（家庭）の個々の特性・状況等に応じた支援が重要となるが，近年，そのニーズがより一層複雑・多様化し，よりきめ細かな個別の対応が求められる傾向にある。実際に保育所を利用する家庭の状況を見ても，障害児がいる家庭，保護者が精神疾患等により特別な支援を要する家庭，子どもの虐待や保護者の DV

（ドメスティック・バイオレンス）の問題を抱えた家庭，ひとり親家庭，さらには外国籍の家庭等，さまざまな家庭がある（第7章参照）。こういった家庭への支援において，いかに効果的な支援が行えるかは，保育者の保育に関わる知識・技術等に加え，相談・助言に関わる力量にかかってくる部分がある。また，市区町村，児童相談所，保健センター，医療機関等，子どもや子育て家庭に関わる地域の専門機関と連携を図るとともに，支援の中心的役割を担う保育者を施設長や他の保育者がサポートする等，組織的な対応が可能な体制を構築した上での支援が必要となる場合も多い。

　このように保育所では，保育者が保育の知識・技術等のみならず，さらに幅広く社会福祉に関わる視点・考え方等を持ち，より専門的な知識・技術等を用いた支援が求められるケースもある。そのような現状を踏まえると，「保育所保育指針解説」でも述べているように，保育者が有する専門性に加え，ソーシャルワークの基本的な知識・技術等も理解・援用した上で，子ども家庭支援を展開することが重要となる[1]。

（2）ソーシャルワークの捉え方・種類

　ソーシャルワークについては，理論の違い等によってさまざまな捉え方がある。ここでは第1章でも述べているように，利用者の生活上の諸問題について，社会福祉分野に携わる専門職がその社会関係の調整を図りながら問題の軽減（緩和）・解決を目指し，支援を行う上で用いる専門的知識・技術の体系と考えたい。すなわち，「人々が生活をする上で抱える問題の軽減（緩和）・解決に向けて，（対象者の）生活の全体性から環境との相互作用に焦点を当て，社会福祉専門職が知識・技術・方法等を活用して行う専門的な取り組み」と捉える。

　ここで認識すべきことは，ソーシャルワークは，利用者本人のみならず，利用者の抱える困難そのもの，家庭，その家庭がある地域社会等と切り離して行うことはできず，それらが支援の対象になっているという点である。保

第4章　子ども家庭支援におけるソーシャルワーク

表4-1　主なソーシャルワークの種類・内容

【1】直接援助技術	
個別援助技術 （ケースワーク）	個人や家族を対象として，支援者と利用者との直接の対面的な支援関係（面接）を通じて，生活課題の解決・緩和を目指して個別的に支援していく技術のことを指す。支援を必要とする個人・家族の問題解決能力を高めるとともに，社会資源（社会福祉の制度・サービス等）の改善も視野に入れて支援を進める点に特徴がある。
間接援助技術 （グループワーク）	グループそのものを活用して，個々のメンバーやそのグループ全体が直面する問題解決の支援を図ろうとする技術のことを指す。メンバー同士がさまざまな視点から意見を述べて話し合い，互いに他者の意見を聞いて自分自身を振り返るため，ケースワークよりも問題解決が促進される場合もある。
【2】間接援助技術	
地域援助技術 （コミュニティワーク）	地域社会自体の問題解決能力を高めることや，社会資源の調整，改善，開発等を通して，地域社会のさまざまな福祉に関する問題（生活課題）を解決する技術のことを指す。地域社会に生じているさまざまな福祉ニーズに対して，実態を把握し，計画を立てて支援を行う中で，直接援助技術を有効に機能させる技術でもある。
＊この他，社会福祉調査法（ソーシャル・リサーチ），社会福祉運営管理（ソーシャル・アドミニストレーション），社会福祉計画法（ソーシャル・プランニング），社会活動法（ソーシャル・アクション）がある。	
【3】関連援助技術	
ネットワーク	フォーマルな支援（福祉事務所，児童相談所等の専門機関や，保育士，社会福祉士，保健師，医師等さまざまな分野の専門職による関係性・連携）とインフォーマルな支援（家族，近隣住民，友人，ボランティア等による関係性・連携）を活用して，支援を必要とする人々（家庭）の生活を支えていくもの。
スーパービジョン	保育士や社会福祉士等を専門職として教育をしていく中で，知識・技術等を修得しながら，支援者自身が業務上の課題を解決できるように養成していく過程のことを指す。実践の経験や知識のある職場の上司等（スーパーバイザー）から，後輩等（スーパーバイジー）に対して行われる。
コンサルテーション	何らかの解決すべき課題を抱えている支援者等が，より高い専門性をもった他分野の専門職等から指導，助言を受け，それらを通して行われる問題解決の過程のことを指す。 ＊スーパービジョンは支援者への管理的機能（業務内容に対する管理・監督を行う機能）をもつが，コンサルテーションにはこれは含まれていない。
＊この他，ケアマネジメント，カウンセリングがある。	

73

育分野でいえば，「生活上の困難を抱える子どものみならず，子どもの抱える困難という現象そのもの，保護者・家庭・その家庭が存在する地域社会をも対象[2]」として捉える必要がある。

このソーシャルワークは，支援の対象の違い等によって，いくつかの種類を挙げることができる。伝統的なものとして，直接援助技術（面接等を行って，直接的に関わり支援していくもの），間接援助技術（環境等へ働きかけを行って，側面から間接的に支援していくもの），関連援助技術（直接援助技術や間接援助技術とともに，社会福祉と隣接した領域の援助技術を活用していくもの）がある（主な種類・内容については表4-1）。近年では，このような従来の直接，間接，関連といった垣根が取り払われたジェネラリスト・ソーシャルワークの重要性が再認識されてきている。これは，「ケースワーク，グループワーク，コミュニティワークといった技法をソーシャルワークの援助方法のレパートリーとして位置づけ，人びとが直面するさまざまな生活問題への理解（アセスメント）から，問題解決の過程を導くもの[3]」である。

（3）保育者とソーシャルワークの関係性

保育所におけるソーシャルワークについて，どの専門職が中心となってどの範囲・程度まで担うべきであるのかは，論者によって異なり，統一された見解はないのが現状である[4]。したがって，実際の保育所で保育者がどのような内容で，どこまで担うべきか（担うことが可能か）という点に関しては検討の余地がある。

保育者は社会福祉士等のようなソーシャルワーカーそのものではないが，保育士が児童福祉法に規定された社会福祉専門職の一つであること，また，「全国保育士会倫理綱領」（第1章参照）でも保育士の実践範囲は保育という「ケア」の部分だけにとどまらず，保護者への保育に関する支援（指導・助言・協力・情報提供等）等の業務についても規定しており，子どもと保護者に最も近い専門職といえる。これらの点や「保育所保育指針解説」の記述等に

第4章　子ども家庭支援におけるソーシャルワーク

表4-2　保育所等におけるソーシャルワーク機能・役割の分類項目

	機　能	役　　　割
①	教育・支援機能	子どもや家族に対して適切な働きかけやアドバイスを行う役割。
②	ケアマネジメント機能	課題を抱えた子どもや家族がエンパワメントされるよう，綿密な計画を立案し，継続的かつ安定的に適切な支援を提供する役割。
③	代弁機能	権利擁護やニーズを当事者に代わって表明する役割。
④	保護機能	好ましくない生活環境から子どもを一時的に保護する役割。
⑤	仲介機能	対象者にとって有効な他の社会資源の仲介者としての役割。
⑥	連携機能	他の社会資源との有機的連携を図る役割。
⑦	処遇・治療機能	臨床心理士等心理専門職との連携を原則に，子どもや保護者の心の傷を癒やす等，生活の場面における治療的援助の役割。
⑧	調停機能	子どもや家族とコミュニティ（地域社会）との間で意見の違いやトラブルがある際，その調停者としての役割。
⑨	社会変革機能	地域や学校，保育所等に偏見や差別，不理解が見られる場合に，その環境を積極的に改善しようとする役割。
⑩	ソーシャルアクションの機能	制度・システムの改善を図るため行政や社会に働きかける役割。

出所：園田巌「保育所に求められるソーシャルワークの視点」『月刊福祉』101(5)，全国社会福祉協議会，2018年，34-35頁を参考に筆者作成。

鑑みると，ケースの内容等によっては，保育者もソーシャルワークに関わる基本的事項（視点・考え方等）を援用した子ども家庭支援を進めていくことが効果的といえるであろう。

2　保育所におけるソーシャルワークの機能・役割と支援の対象

（1）保育所におけるソーシャルワークの機能・役割

　保育所においてソーシャルワークを援用した子ども家庭支援を展開する上で，まずは，その機能（働き）・役割について把握しておくことが必要となる。この点に関して，例えば表4-2のような捉え方がある。これは，「社会福祉で取り扱うソーシャルワークの機能とほぼ同様であるが，と同時に保育

表4-3　子ども家庭支援の対象およびその概要

①　子どもの育ちへの支援 　基本的視点である子ども自身の成長・発達の支援，すなわち子どもの育ちの支援を意味する。子ども家庭支援の活動を直接子どもに向けて行うもので，保育所等の日常的活動の大半，さらには地域子育て支援活動における子どもに対して実施する活動もこれに該当する。 　　ⅰ）保育所等での活動 　　　主に保育者が担うが，単なる保育活動に終わらせず，子ども家庭支援を意識した保育活動にするには，子どもがそれまで歩んできた道筋や，24時間の生活全体を視野に入れた個別指導計画を立てる必要がある。 　　ⅱ）地域子育て支援活動 　　　保育者が直接担う方法のみならず，保護者自身，子育てサークル・子育て支援サークル，他機関等に対する支援的・調整的な立場等も考慮する必要がある。
②　親（保護者）の育ちへの支援 　親（保護者）になるため，あるいは一人の社会人としての生活の支援，すなわち親支援を意味する。保育ニーズについて考えた場合，保護者の就労や疾病等「保育を必要とする」と制度的に認定されているもののみならず，心身ともに保護者の生活を豊かにするサービスあるいは経験を共有し合う仲間づくりが課題となる。
③　親子の関係への支援 　親子関係の支援，すなわち子育て・親育てを意味する。親子の信頼及び愛着関係の基礎形成が不安定な中では，保護者としての成熟度はますます低下し，「親になりきれていない親」がより多く出現することになる。虐待や放任等，例外的と考えられていた状況が，一般の保護者のすぐ側にまで忍び寄っているということである。 　一方で，多くの保護者は，初めから保護者として十分に機能しているわけではなく，「子どもに育てられる」という部分もある。親子関係とは，このように「育て・育てられる（育て合う・育ち合う）」関係であり，親子の関係を「育てる」という視点が必要となる。
④　育む環境の育成 　上記①〜③が存在する家庭及び地域社会，すなわち「育む」環境の育成を意味する。円滑な親子関係を営むためには，家庭の経済基盤や住宅環境等も重要である。また，家庭自体が地域の一員として認められ，孤立していないことも大切となる。このような事柄は，子ども家庭支援においては直接関係がないように見えるかもしれないが，資源の調整や紹介等においては重要な要素となる。

出所：橋本真紀・山縣文治編『よくわかる家庭支援論 第2版』ミネルヴァ書房，2016年，4-5頁を参考に筆者作成。

所に求められる取り組みでもある」[5]といったように，保育所におけるソーシャルワークの機能・役割として欠かせないもの（一例）だといえよう。いずれにせよ，実際の保育所では，これらの機能が単独で実行されるわけではなく，ケースに応じて複数の機能を組み合わせながら支援を進めていく必要

第4章 子ども家庭支援におけるソーシャルワーク

図4-1 子ども家庭支援の対象の全体像

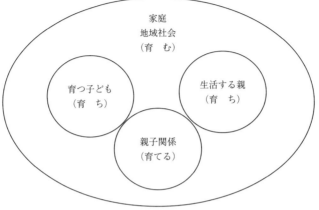

出所:橋本真紀・山縣文治編『よくわかる家庭支援論 第2版』ミネルヴァ書房,2016年,5頁。

がある。

(2) 子ども家庭支援の対象

　保育所でより効果的に子ども家庭支援を進めるためには、ソーシャルワーク援用の重要性、その機能・役割等の理解とともに、何を対象とし、大切にするべきかを明確にしておくことが重要となる。この子ども家庭支援の対象について、山縣は、「①子どもの育ちへの支援」「②親(保護者)の育ちへの支援」「③親子の関係への支援」「④育む環境の育成」といった4つの項目を挙げている(表4-3・図4-1)。そして、保育者が子ども家庭支援を進めていく際には、それら4つの対象を意識し、「育ち」「育てる」「育む」という3つの「育」を大切にしていく必要があるとしている。(6) 保育者には、単に保育所を利用している子ども・保護者のみならず、地域の子育て家庭も含めた子ども・保護者の育ち、子どもと保護者の関係性(子育て・親育て)、育む環境(家庭・地域社会)の育成までも視野に入れた、まさにソーシャルワークの視点・考え方等を踏まえた子ども家庭支援の展開が望まれる。

77

3　海外の保育者とソーシャルワーク

　前述の通り，保育所におけるソーシャルワークについては，保育者が中心となって担うのか，担うとすれば範囲・程度はどこまでか，定まったものがない。そこで，海外の保育者の業務範囲・程度等も参考にして，ソーシャルワークを援用した子ども家庭支援の一つのあり方を考えていく。

　ここでは，「福祉国家」「保育の質が高い国」と周知のスウェーデン，さらには，国全体で幼児教育・保育の質の改善（改革）に取り組んでいるとされるオーストラリアの保育者とソーシャルワークをめぐる現状（概要）を示していく。[7]

（1）スウェーデンの保育者とソーシャルワーク

1）保育・教育施設と保育者の業務範囲・程度

　スウェーデンでは，保育事業を教育政策の一環として促進しており，その主な保育形態には，Förskola や Öppen Förskola 等がある。

　Förskola は，スウェーデンの保育・就学前教育における中心的役割を担う施設（幼保一元化された就学前教育施設の位置づけ）で，「就学前学校」と呼ばれる。1～5歳の子どもを対象としており，日本の保育所に類似するものである。Öppen Förskola は，育児休業中の親子（概ね1～2歳の子どもとその保護者が対象）が一緒に利用する場所で，「公開就学前学校」を意味する。日本でいえば，子育てひろばに類似する。[8]

　では，ソーシャルワークに関わる業務について，就学前学校等に勤務する保育者がどの範囲・程度まで担っているか。例えば，就学前学校でアルコール依存症に悩む保護者や，子育て・経済的問題に悩むシングルマザー等がおり，彼ら（当該家庭）への支援が必要と判断された場合，保育者が相談・助言を行うというケースはほとんどない。速やかにコミューン（基礎自治体の

一つで，日本では市に該当）へつなぎ，ソーシャルワーカーにほぼ全面的に対応を任せることを原則としている。就学前学校によっては，独自にソーシャルワーカーを雇い，初期対応を行った上で（例えば，保護者自身の問題を就学前学校で発見した後，まずは傾聴し，相談・助言を行う等），コミューンのソーシャルワーカーへつなぐ役割を担っている例も見られる。

また公開就学前学校では保護者に対し，子どもとの交流等を通じて日常の支援（親教育）は行っている。ただし，保護者自身（家庭）に何らかの問題が発生し，支援が必要となった場合は，就学前学校と同様，速やかにコミューンのソーシャルワーカーへ連絡し，対応を委ねる形が原則である。ここでも，「ソーシャルワークに関わる業務に関しては，保育者ではなく，ソーシャルワーカーが担うべきである」という考え方が基本となっている。

このように，スウェーデンの就学前学校等における保育者の業務は，「子どもの保育・教育を行うこと」が基本原則である。子どもの保護者に何らかの問題があって支援の必要性が生じた場合でも，「保護者に対してではなく，子どもへの関わり・取り組みを検討し，改善に努めることで保護者への支援につながる，それが子どものためになる」と考える等，そのあたりが徹底している。「保護者支援（家庭支援）等，ソーシャルワークに関わる業務はソーシャルワーカーが担う」という業務のすみ分けが明確化しているといえる。

2）保育者としての業務への意識

スウェーデンにおいて，保育者とソーシャルワーカーの業務のすみ分けが明確化し，それが妥当と考えられている理由として，下記の点が挙げられる。

① 保育者とソーシャルワーカーが各々の専門性を高めるには，その業務内容・役割を明確化することが重要であり，しかも両者の養成には同程度の時間・労力を要する[9]。したがってスウェーデンでは，幼保一元化を図り，乳幼児期の保育・教育に力を入れ，保育者がそこに集中して業務に携わることこそが，子どもの健やかな発達を保障すると同

時に，義務教育以降の学習効果も高まると考えられている。

② 福祉的支援を要する家庭の増加に伴い，就学前学校の保育者の業務負担を軽減する必要性からである。保育者が保護者支援（家庭支援）等のソーシャルワークに関わる業務にまで範囲を拡大すると，専門性の観点及び負担の過重，離職率の増加等につながる可能性がある。

③ 保護者にとっても，就学前学校以外に助け（支援）を求めることのできる場所がある方が効果的という考えからである。スウェーデンでは，保育者が保護者に直接関わって支援を行うよりも，当該専門職が専門的に介入する方が効果的であるといった考え方が強い。ただし，保護者との関係が悪化しないよう，「罰則ではなく，よりよい方法を見つけるためにコミューンのソーシャルワーカーから支援を受ける」という点を理解・納得してもらえる工夫と留意をしている。

このように，スウェーデンでは保育者とソーシャルワーカーの業務のすみ分けを行うことで，保育者の業務の負担を軽減して合理性を高め，自らの専門性の向上を図ることができ，子どもや保護者にとってもより効果的であると考えられている。こういったスウェーデンにおける保育者としての業務のあり方は，日本でも保育者の業務負担の軽減を図ることの重要性や，保育者の専門性とは何かがより一層問われる中で，一つの示唆を与えるものになるといえよう。

（2）オーストラリアの保育者とソーシャルワーク

1）保育・教育施設と保育者の業務範囲・程度

オーストラリアの保育・就学前教育は，連邦政府と州政府の二重行政（二元体制の管轄）の形で進められている。そのサービスは，大きくフォーマル・ケア（公式保育／保護者以外による保育で，政府による規制・補助の対象）とインフォーマル・ケア（非公式保育／親族・友人・隣人等による政府の管轄外の私的保

育）に二分されている。

　代表的な保育・教育施設は，フォーマル・ケア（公式保育）の中に位置づけられており，Long day care や Preschool, Kindergarten 等がある。Long day care は主に0～5歳児を対象とした施設で，日本の保育所に類似するものである。Preschool, Kindergarten は小学校への入学準備教育を行う施設（就学前幼児教育機関）で，日本の幼稚園に類似する。対象は小学校入学1年前の子ども，あるいは3～5歳の子ども，というように，州や地域等によって名称・形態が異なるのが現状である。

　ではソーシャルワークに関わる業務について，オーストラリアの保育所・幼稚園等では，保育者がどの範囲・程度まで担っているか。例えば，保護者から子育てや経済的問題等に関わる相談があった場合，すぐに行政機関等へ対応を委ねるのではなく，まずは保育者が相談・助言を行ったり，専門機関と連携を図りながら支援を進めたりする（具体的にどこへつなぐか，ケース別に専門機関のリストを作成している所もある）等，保育者もソーシャルワークに関わる業務の一端を担う場合がある。当該施設の考え方や地域性等によって範囲・程度の違いはあるものの，保育者が「窓口的役割・つなぎ的役割」を果たす形でソーシャルワークに関わる業務に取り組むことがあり，むしろ，このような業務が増加しているところも見られる。

　例えば，A幼稚園（低所得・中間所得層の家庭に加え，先住民族（アボリジニ）や移民の家庭が多い地域にあり，当該家庭の子どもを多数受け入れている園）では，地域的に先住民・移民支援を含め，特別なニーズを有する家庭を対象としたソーシャルワーク的な支援が，より必要になっている。筆者らの視察時に，当該施設の保育者から，「日々，子どもや保護者と接する中で，保育者の業務としてソーシャルワークと保育を完全に分離して考え，実行することは難しい」「ソーシャルワークの機能・役割を担う専門機関が，量・質の両面において地域の中で十分に整っているとはいえず，保育者が実施せざるを得ない状況にある」「目の前で悩んでいる保護者を無視できない」等の話を聞い

た。オーストラリアでは，保育者養成課程のカリキュラムにソーシャルワーク等，社会福祉に関わる事項について学習する時間を設けている[11]。その一つの所以がうかがえるところである。

2）保育者としての業務への意識

スウェーデン同様，オーストラリアでも保育者の業務の中心は，子どもの保育・教育である。そして，保育者とソーシャルワーカーで業務の分化を基本とするが，状況次第で保育者もソーシャルワークに関わる業務の一端を担っている点に，スウェーデンとの違いがある。保護者から何らかの相談があった場合は，まずは傾聴し相談・助言等を行った上で，ケースの内容や支援の状況等によって専門機関等に送致する方法をとっている場合が多い。

このように，オーストラリアにおいては，保育者とソーシャルワーカーで業務の分化を基本としつつ，ソーシャルワークに関わる業務の一端（窓口的・つなぎ的役割）を，保育・教育施設として可能な範囲で対応することもある。このあたりは，当該施設の考え方や地域性等によっても違いはあるが，その理由として下記の点が挙げられる。

① 地域の中に適切な社会資源が不足していること等から，保育者が保護者支援（家庭支援）等へ関与せざるを得ない状況にある。本来は別の専門機関へ対応を委ねるべきケースもあるが，当該地域における適切な専門機関の有無，量的・質的な課題，さらには，実際に困っている保護者を目の前にして，「ソーシャルワークに関わる業務は自分たちには関係ないと割り切れない」等といった意識がある。

② 現場レベルにおける保育者の「保育」と「ソーシャルワーク」の捉え方が関係している。両者は，理論（考え方）としては分けているものの，実際に保育者として子ども・保護者と接し，地域の子育て家庭が抱える問題等にも対応する中で，保育とソーシャルワークはつながっており，業務の明確な線引き（完全な分離）は困難であるとの意

識をもっている。

③　保育者も保護者に関わることが，子どもの保育・教育・生活の質改善にも必要かつ効果的という考えがある。保育者は，子どもと保護者に最も身近で接している専門職である。「自分たちの業務は子どもの保育・教育を行うこと」を基本原則としつつ，必要に応じて（可能な範囲で）保護者支援（家庭支援）等に関わることも，子どもの保育や生活の質等の改善につながるとの意識をもっている。

このようにオーストラリアでは，保育者とソーシャルワーカーの業務のすみ分けを行っているが，保育者も状況によってソーシャルワークに関わる業務を担う。そこには担わざるを得ない現状があり，業務の中での保育とソーシャルワークの捉え方等も関係しているが，保育者もソーシャルワークに関わる業務を担うことで，子どもの保育・教育・生活の質改善へとつながり，効果的だと考えられている面があるといえよう。こういったオーストラリアにおける保育者としての業務のあり方は，日本の保育者とソーシャルワークをめぐる状況と類似した部分が多く，ソーシャルワークを援用した子ども家庭支援について検討する上で，一つの示唆を与えるものになると考える。

4　ソーシャルワークを援用した子ども家庭支援と保育者の役割

ここまで，保育所での子ども家庭支援におけるソーシャルワーク援用の重要性，子ども家庭支援の対象，スウェーデンとオーストラリアの保育者とソーシャルワークをめぐる現状等について述べてきた。

では，保育所でのソーシャルワークを援用した子ども家庭支援の展開過程及び保育者が担うべき役割には，どのようなものが考えられるか。前節までの内容を踏まえて述べていく。

（1）子ども家庭支援の展開過程

　日本の保育所は，身近な日常生活の中で保育者が子どもや保護者と関わる場である。例えば，子どもの送迎時，連絡帳，掲示物，電話，個別面談，さらには保護者会，保育参観，育児講座等を通じて，保護者と関わることが可能である。そのため，保育者は，保護者（家庭）の特性や抱えている潜在的な問題にも一早く気づきやすく，個々の生活実態に即し，ニーズに合った支援が可能になるといった利点がある。保育所等における子ども家庭支援は，そのような強みを活かして行うことができるわけである。

　このような点を踏まえつつ，保育者でソーシャルワークを援用した子ども家庭支援を進めていくが，ソーシャルワークの展開過程には，さまざまな捉え方がある。これを援用した子ども家庭支援の展開過程といった場合もまた，多くの考え方ができる。ここでは，「①ケースの発見（問題把握）⇒②インテーク（受理面接）⇒③アセスメント（事前評価）⇒④プランニング（支援計画作成）⇒⑤インターベンション（支援の実施）⇒⑥モニタリング（中間評価）⇒⑦エバリュエーション（事後評価）⇒⑧クロージング（終結）」といった形で展開していくと考えていきたい（図4-2）。

　ただし子どもや保護者の日々の生活過程が，その時々の心身や経済の状況等によって変化していくため，常にこのような規則正しい過程で進むわけではない。各過程が関連し合って（例えば「②インテーク（受理面接）」と「③アセスメント（事前評価）」が相互に関連し合って）進められる場合もある。また，緊急に支援が必要となったケース等では，各過程が必ずしも順番通りに進められるとは限らない。さらに，ケースの内容や支援の状況等によっては，途中の過程で，保育所から他の専門機関へつなぎ，対応を委ねるべきものも出てくるであろう。重要な点は，そのすべての過程において，専門的な知識・技術等を踏まえ，保育者と保護者（家庭）との共同作業として調整を繰り返しながら，柔軟に進めていくことである。

第4章 子ども家庭支援におけるソーシャルワーク

（2）子ども家庭支援における保育者の役割

1）保育所でのソーシャルワークの機能から考える保育者の役割

　日本における保育者の基本的な業務も，スウェーデンやオーストラリアと同様，「子どもの保育・教育を行うこと」である。同時に，保育所を利用する家庭の現状等を考えると，保護者の気持ちや悩みを受け止め，家族間の関係調整，地域社会との関係調整等，ソーシャルワークに関わる業務を行うことも必要になっている。このあたりは，オーストラリアと同様，日本でも専門職の配置基準，通っている子どもの家庭状況，地域性等から，「保育者がひとまずは担わざるを得ない」という現状がある。そこで，前述のソーシャルワークの機能（75頁）を踏まえ，同時に子ども家庭支援の対象（77頁）も念頭に置きながら，例えば次のような役割を担っていくことが重要となる。

　まずは，保護者に対して子育てに関する情報・知識等を伝える「教育者・支援者としての役割」である。そして，保護者と一緒に考え，自ら選択・決定できるよう，潜在的な力を引き出して計画的に支援を行う「ケアマネジャー（子育てのパートナー）としての役割」，DV の被害に苦しみ，権利擁護やニーズを自ら表明できない保護者等への「代弁者としての役割」がある。また，保護者と社会資源（保健センター等）との関係調整を行う「仲介者としての役割」，職場（保育所等）内のチームワークの調整も含め，他の専門機関・専門職（医療機関の医師，児童相談所の児童福祉司等）との連携を図る「連携者としての役割」が挙げられる。その他，地域の保育所への偏見，差別等の意識，既存の制度等の改善を行う社会変革や，環境の改善を働きかける等の役割もある。

2）保育者が役割を担う際の課題・留意点

　ソーシャルワークを援用した子ども家庭支援を展開する上で，保育者が担うべき（担うことが可能な）役割として，上記のようなものが考えられる。ただし，現在の保育者の専門性，業務の負担の過重，離職率の増加等の観点から考えると，保育者が全面的に担うことは難しく，その範囲・程度は各保育

85

図4-2 ソーシャルワークを援用した子ども家庭支援の展開過程のポイント

① ケースの発見（問題把握）
　支援につながる入口の段階であり，保護者が自身や家庭内で抱える問題を解決・緩和したいと考え，自ら保育者に相談する（支援を求める）場合と，保育者が問題を発見する場合（例：保護者との会話，連絡帳でのやり取り，育児講座等の活動の中から保育者が問題に気づいて支援へ発展する等）とがある。

② インテーク（受理面接）
　ケースの発見（問題把握）によって関わりを持った保護者（家庭）の相談を受理し，具体的な支援に向けて話し合いを行っていくスタートの段階である。この段階では，保育者は，保護者が話しやすい雰囲気や環境に配慮すること，その問題・ニーズを把握すること，保護者（家庭）との信頼関係（ラポール）を築くこと等が求められる。

③ アセスメント（事前評価）
　インテーク（受理面接）の段階で収集した情報に加えて，保護者（家庭）に関する情報収集（特に子どもも含めた生活状況・環境等について）を継続して行う。この段階では，当該ケースの全体像を明らかにした上で，保護者（家庭）が抱える問題・ニーズについて整理し，明確化していくことになる。保護者（家庭）の状況把握のみならず，当該家庭がある地域社会全体のことも把握する等，保育者には多面的・多角的な視点が求められる。

④ プランニング（支援計画作成）
　アセスメント（事前評価）によって明確になった保護者（家庭）が抱える問題・ニーズに沿って目標を設定し，具体的な支援の内容・方法を決めていく段階である。どの問題から支援を行うか，緊急性の高さ等から優先順位をつける。
＊プランニングの過程には，必要に応じて担当保育者の他，施設長（園長）・主任，関係機関の専門職等が参加する。

第4章　子ども家庭支援におけるソーシャルワーク

⑤　インターベンション（支援の実施）
　支援の目標・内容等の設定後，実際に支援の実施となる。問題解決・緩和がスムーズに進むように，保護者（家庭）を取り巻く環境にも働きかけて調整を行ったり，さまざまな関係機関を紹介したりする等，具体的に支援が展開していく段階である。

⑥　モニタリング（中間評価）
　支援の実施後，実際にはどのように支援が行われたか，また，保護者（家庭）の変化やそれを取り巻く生活環境の変化等について情報収集・分析を行う経過観察の段階である。必要に応じて，計画の修正，再アセスメント等を行う。

⑦　エバリュエーション（事後評価）
　計画に沿って支援を実施し，その状況や妥当性・効果等を総合的に振り返り，検討が行われる段階である。施設長（園長）や先輩保育者，あるいは関係機関の専門職等から，助言等を受けることもある。

⑧クロージング（終結）
　実際に支援が展開された結果，問題の解決が図られた，あるいは課題は残るものの，保護者（家庭）の力で対応していけることが保育者との間で確認された際に至る段階である。
＊当該家庭の転居，保護者（家庭）からの申し出，あるいは他の専門機関への送致等によって，支援が中断・終結となる場合もある。

★支援の各過程において，保育者は，必要に応じて他のソーシャルワークの中核を担う専門機関と連携を図りながら実施する。

所において検討を要するといえる。

　また，図4-2を基に，どの過程まで保育者が担えるかを考えた場合でも，ケースの内容や状況等によっては，すべての過程を中心的に担うのは困難となることがあろう。その場合，例えば，①支援の必要な子ども・保護者の発見（ケースの発見〔問題把握〕），②相談・面接（インテーク〔受理面接〕），③情報収集や問題・ニーズの明確化（アセスメント〔事前評価〕）までの「窓口的・つなぎ的な役割」を担い，その後はソーシャルワークの中核を担う専門機関に支援を委ねるという方法が考えられる。このように，社会福祉士等，他の専門職が中心的に担い，保育者はあくまで「サポート的な役割」を担う形が理想的といえよう。ただし，現在の保育・福祉・教育の制度・施策，保育士・社会福祉士の養成課程等から考えると，このあたりは実現困難な部分が多い。前述の通り，ひとまずは保育者が担わざるを得ないのが現状である。その点は理解した上で，今後は，「保育者が子ども・保護者に最も近い専門職」であるという特性を活かしつつ，その専門性の向上，業務の負担の軽減，離職率の低下等の観点から，「必要に応じて（ケースの内容や状況等によって）」「可能な範囲で」「家庭にとってよりよい方法を見つけるために」等という部分も意識して，ソーシャルワークを援用した子ども家庭支援を進めることが重要である。

　同時に，保育所の中ですべての保育者が同じレベル（高いレベル）でこれらの役割を担えるとは限らないという点も認識すべきである。新任，中堅，主任，施設長（園長）等，保育所等での経験年数・立場，また保育者個人の意識・力量等によっても，担える範囲・程度に大きな違いがある。したがって，「保育所としてソーシャルワークの機能・役割を果たすこと」には限界が生じるため，理想は，そのためのキーパーソンが職場内に必要と考えるべきであろう。それが困難な現状においては，保育者がソーシャルワークの視点・考え方等をもって，日々の保育と関連させながら自らの専門性を高め，発揮しつつ，関係機関と連携すること等が求められる。

第4章　子ども家庭支援におけるソーシャルワーク

5　本章のまとめ

　子どもや子育て家庭を取り巻く環境等が著しく変化し，保育者に求められる役割がより大きくなる中，保育所では保育の専門性に加え，ソーシャルワークを援用した子ども家庭支援を展開していくことが重要である。この際，ケースの内容，業務の負担，保育所等の考え方等によって，保育者が担える業務・役割の範囲・程度等を検討する必要がある。スウェーデンやオーストラリアをはじめ，諸外国の例を参考にしつつも，「日本はそのまま見習うべき」等といった議論ではなく，日本の文化，国民性，保育・福祉・教育制度の歴史・現状，保育の政策上の位置づけ等を考慮した形で進めていくことが求められる。そのために何をどこまでできるか，その専門性・限界等も含め，保育者一人ひとりが考えていくことが必要である。

さらに考えてみよう
---

① 　海外における子ども・子育て家庭を取り巻く現状，関連制度・施策，保育者（保育専門職）の養成課程の仕組み等はどのようになっているか。スウェーデン，オーストラリア以外の国も調べ，まとめてみよう。

② 　日本の保育所において，ソーシャルワークを援用した子ども家庭支援を展開する上で，保育者が担うことが可能な内容（ケース）・範囲・程度，役割等について，具体的な例を挙げて考えてみよう。

注
(1)　「保育所保育指針解説」「第4章1（2）ア」において，保育所における子育て家庭への支援は，地域の子どもや子育て家庭に関するソーシャルワークの中核を担う機関と必要に応じて連携をとりながら行われるものであり，ソーシャルワークの基本的な姿勢や知識，技術等についても理解を深めた上で展開していくことが望ましいとの旨が示されている。また，「第4章2（3）ア」では，強い育児

89

不安を抱えている，不適切な関わりをする等といった保護者に対しては，保育士等が有する専門性を活かした支援に加え，内容によっては，ソーシャルワークやカウンセリング等の知識や技術を援用することが有効なケースもあるとしている（厚生労働省編『保育所保育指針解説』フレーベル館，2018年，331・337頁）。

(2)　橋本好市・直島正樹編著『保育実践に求められるソーシャルワーク——子どもと保護者のための相談援助・保育相談支援』ミネルヴァ書房，2012年，15頁。

(3)　空閑浩人編著『ソーシャルワーク入門——相談援助の基礎と専門職』ミネルヴァ書房，2009年，55-56頁。

(4)　保育所におけるソーシャルワークの実務基盤（中心的担い手）については，保育士，ソーシャルワーカー（社会福祉士），社会福祉士資格をもった保育士（子ども家庭福祉を専門とする社会福祉士）等が挙げられる（土田美世子『保育ソーシャルワーク支援論』明石書店，2012年，103-107頁）。

(5)　園田巌「保育所に求められるソーシャルワークの視点」『月刊福祉』101(5)，全国社会福祉協議会，2018年，35頁。

(6)　橋本真紀・山縣文治編『よくわかる家庭支援論 第2版』ミネルヴァ書房，2016年，4-5頁。

(7)　筆者らは，保育所におけるソーシャルワークのあり方を考える上で，他国の保育者が担う業務の範囲・程度等にも目を向け，参考にすることも重要であるとの意図から，スウェーデン及びオーストラリアの保育・教育施設等の視察（大学でのレクチャーも含む）を実施した。本章では，その内容・知見を踏まえた形での記述となっている（平成27〜30年度科学研究費補助金基盤研究C（課題番号：15K03994）「保育所保育士による保育ソーシャルワークの可能性と養成教育のあり方に関する研究」）。

(8)　「Förskola」は「就学前学校」の他，「保育所」「プレスクール」等と訳される場合がある。「Öppen Förskola」は，「公開就学前学校」の他，「公開保育室」「オープン保育室」等の訳がある。本書では，視察時の通訳者から示された通り，それぞれ「就学前学校」「公開就学前学校」と表記する。

(9)　スウェーデンでは，保育者とソーシャルワーカーの養成課程は異なる体系となっており，保育者養成課程のカリキュラムは，「保育者は子どもへの保育・教育を重視する」という考え方に強い主眼を置いた内容である点が特徴的である。なお，大学における保育者養成課程（3年半）修了で就学前学校教員（プレスクールティーチャー）の資格を取得することができる。その他，高校の保育コース（3年）での専門教育養成の形態もあり，この養成課程修了で，保育補助員

第4章　子ども家庭支援におけるソーシャルワーク

　（準保育士）として就学前学校等での勤務が可能となる。
⑽　「Long day care」には，「保育所」「施設型保育」等の訳がある。「Preschool」
　「Kindergarten」については，州や地域等によって名称・形態が異なり，「Preschool」を「就学前教育」，「Kindergarten」を「幼稚園」等と訳す場合，あるいは両者とも「幼稚園」「準備学校」等と訳す場合がある。本書では，視察時の通訳者から示された通り，「Long day care」を「保育所」，「Preschool」「Kindergarten」を「幼稚園」と表記する。
⑾　オーストラリアでも，保育者とソーシャルワーカーの養成課程は異なる養成体系である。保育者養成課程のカリキュラムは，基本的には「保育者は子どもへの保育・教育を重視する」という考え方に主眼を置いた内容となっているが，ソーシャルワーク等，社会福祉に関わる事項について学習する時間も設けている。なお，すべての保育者に「CertificateⅢ（高卒レベル）」以上の資格取得を求めている。また，各保育・教育施設の保育者の半数は「Diploma（短大卒レベル）」の資格を有するか取得中，あるいは幼児教育の学位「Bachelor（大学卒）」を有していることが必要である。
⑿　日本の保育者の業務負担軽減，専門性向上等という観点から見れば，スウェーデンのようにソーシャルワーカーとの業務内容・役割の明確化を図ることも重要な意味を持つと考える。制度・施策，養成課程等との関連もあるが，保育所自体へのソーシャルワーカー（社会福祉士等）の配置も検討を要するところである。

参考文献

泉千勢編著『なぜ，世界の幼児教育・保育を学ぶのか──子どもの豊かな育ちを保障するために』ミネルヴァ書房，2017年。

上田衛『保育と家庭支援 第2版』みらい，2016年。

臼田明子『オーストラリアの学校外保育と親のケア──保育園・学童保育・中高生の放課後施設』明石書店，2016年。

厚生労働省編『保育所保育指針解説』フレーベル館，2018年。

園田厳「保育所に求められるソーシャルワークの視点」『月刊福祉』101(5)，全国社会福祉協議会，2018年，32-35頁。

高辻千恵・山縣文治編著『家庭支援論』ミネルヴァ書房，2016年。

橋本好市・直島正樹編著『保育実践に求められるソーシャルワーク──子どもと保護者のための相談援助・保育相談支援』ミネルヴァ書房，2012年。

橋本真紀・山縣文治編『よくわかる家庭支援論 第2版』ミネルヴァ書房，2016年。

91

── コラム4 「子育て」っていつまで？ ──

「子育て」とはいつまでの時期を指しているのか？　イメージとしては，①児童手当が終了する中学校卒業まで，②児童扶養手当が終了する高校3年生まで，③最終学歴の学校を卒業するまで，など，さまざまな考えがある。特に明確な定義は存在しないが，初めて子どもを持つ保護者にとっては，どこが区切りになるのか先の見えない不安を感じる方もいる。

「子育て支援」は一般的には，小学校就学前までを想定して実施されていることが多い。だが，前述したように，保護者にとっては子育てになかなか区切りが見出せない。小学校，中学校，高等学校，それ以降の高等機関への進学，または就職など，その時期によって抱える子育ての悩みはたくさんある。「子育て世代包括支援センター業務ガイドライン」には「学童期以降の児童やその保護者から相談があった場合には，就学前の支援との連続性も考慮しながら，学校保健や思春期保健等との連携も含め，適切な担当者・関係機関につなぐ等の対応を行う」との記載がある。しかし，あまり面識のない場所へは相談に行きづらいのではないだろうか？

当事者の家庭背景や成育歴を理解している保育所や地域子育て支援拠点事業所が，子どもの成長に関わらず気軽に相談に行くことのできる身近な場所になることが望まれる。

保育者は子どもや保護者の状況を継続的に見守っていくことができるように，特に気掛かりな親子に関しては，近隣の関係機関との連携を持ち続けることが必要である。保育所等から関係機関へ，また，関係機関から保育所等へと，相互に連絡を取り合える関係性が望ましい。

現在の状況について情報を共有しておくことが，親子の精神的な安定につながり，継続的な支援となっていく。保育者は関係機関との連携について，保育所等に通園しているときだけではなく，その後の親子の支援にとって欠かせないものである，との認識をもつことが大切である。

第5章	保育者の専門性と基本的態度

―― 学びのポイント ――――――――――――――――――――――

　近年，保育者はケアワークだけではなく，子育て家庭を支援していくための専門技術の習得が求められている。そして，それらの専門性を活かし，保育所の保護者のみならず，地域の子育て家庭を支援する役割を担っていくことが期待されている。

　この章では，保育の専門性を生かした子ども家庭支援の意義と基本原理，そして専門職である保育者の価値と倫理について学んでいく。

―――――――――――――――――――――――――――――――――――

1　子ども家庭支援の必要性と保育所における子育て支援

(1) 子ども家庭支援の必要性

1) 家族を取り巻く環境の変化

　保育者は，子どもの保育を主たる職責とするケアワーカーであった。しかし，現在では保護者に対する保育指導という重要な職務も課せられている。これは，支援の対象に，子どもに加えて保護者が加わったというような単純な理由ではなく，子どもと家庭という，家族システムを視野に入れた支援を行っていかなければならない必要性からである。では，なぜ現代において子育て家庭の支援の必要性が求められてきたのだろうか。それには，家族形態の変化，ライフスタイルの変化などが考えられる。以下で，これら2つの社会的変化を挙げ，子ども家庭支援の必要性について考えてみたい。

　①　家族形態と地域コミュニティの変化

　日本の家族の形態は，戦前から戦後にかけて大きく変化し，農村社会にお

いて一般的であった直系家族制に基づく三世代家族から，工業化とともに夫婦家族制に基づく核家族へと移り変わってきた。

核家族の増加により家族の構成メンバーが少なくなったことで，家族内で問題が発生した場合，その支援・援助体制が弱いため，柔軟に対処することが困難になってきている。また，こうした家族形態の変化は，地域コミュニティにも影響を与えている。

以前の家族形態と比べ移動性・流動性の高い核家族は，これまでの伝統的な地縁，血縁を中心とした社会的つながりを希薄化させ，これまで成立していた相互扶助システムは衰退してしまった。その結果，気軽に子育ての相談や助けを求められる人が身近におらず，孤立した生活を送る子育て世代の増加が問題となっている。したがって，核家族化や地域コミュニティの相互扶助の脆弱化を補完するためには，地域にある保育所や子育て支援施設，子育て支援制度などを，社会資源として利用・活用できる体制の構築が必要不可欠である。

② ライフスタイルの変化

1985（昭和60）年の女子差別撤廃条約の批准をきっかけに，男女共同参画社会の実現に向けて，新たな社会制度の構築や整備が積極的に進められた。また1990年前後に不景気に陥ったことも要因となり，女性は家庭を守り，男性が外で働くといった伝統的な性役割観から，平等的性役割観へとパラダイムシフトし，女性の社会進出が飛躍的に拡大した。このことは，共働き家庭の増加，保育サービスへのニーズの多様化と高度化をもたらした。さらに，女性の経済的自立が進んだことにより，結婚をしないというシングルライフ志向（未婚化）や晩婚化，近年の離婚率の増加傾向からも明らかなように，家族危機の問題解決として，離婚という選択肢を選ぶことも多くなった。このような多様なライフスタイルは，子育てにも大きな変化をもたらした。教育や養育は，家庭から保育所や教育機関に任せる割合が大きくなり，それらの責任も家庭から外部に求める傾向が強くなった。

こうしたライフスタイルの多様化に伴い，保育に関するニーズも，子ども
の保育だけに留まらなくなってきている。

以上述べてきたような社会変化に伴い，子育てに関する多様なニーズが生
み出された。そして，これらのニーズに応える存在として期待されているの
が保育者である。保育者は，保育を通して子どもや保護者の様子を把握する
ことができ，子どもを介することで保護者が気軽に相談できる立場にある。
したがって，今後，保育者はこれまで培ってきた保育に関する専門的知識と
技術を活用し，子育て家庭の支援についても積極的に行っていくことが大い
に期待されている。

2）保育者と子ども家庭支援

2001（平成13）年の児童福祉法改正により，保育士資格は児童福祉施設の
任用資格から国家資格となった。この改正の理由として，地域の子育て支援
の中核を担う専門職として，保育士がその重要な役割を果たすことへの期待
がある。児童福祉法では「保育所に勤務する保育士は，乳児，幼児等の保育
に関する相談に応じ，及び助言を行うために必要な知識及び技能の修得，維
持及び向上に努めなければならない」（第48条の4第2項）とあり，保育士は
保育（ケアワーク）のみならず，保護者に対する保育指導も行い，そのため
のスキルの維持，向上を図らなければならないとされている。

また，子どもの生活環境や保護者の子育て環境の急激な変化に対応するた
めに，2017（平成29）年に「保育所保育指針」（以下，保育指針）が改定された
が，これは前述したような社会的背景を踏まえ，保育所に期待される役割が
深化・拡大してきていることから，これまでの保育指針を大幅に見直しして
いる。改定された指針では，現代の子育て家庭のニーズを汲み取り，2008
（平成20）年度版の保育指針にあった「保護者支援」（第6章）から新たに「子
育て支援」（第4章）に名称変更された（第1章参照）。これは，従来の保育指
針では，保育所に通う保護者や地域に住む保護者を対象とし，子育ての知識

や方法について支援していくことに主眼を置いていたのに対し，この改定では，保育所が子育てにおける地域の拠点となって子育てに関する諸問題に関わり，総合的な支援を図ることを目指している。

　具体的には「虐待の発見や DV の発見と防止，あるいは地域の高齢者の力を若い世代につなげる等のことを含めた総合的な関係づくり，街づくり」[1]という意味合いを今回の保育指針の「子育て支援」に含めており，より積極的に地域の子育て支援に関わっていくことを求めている。

　また子ども・子育て支援新制度の施行等を背景に，①子どもの育ちを家庭と連携して支援していくことや②子育て支援に携わる他機関や団体などさまざまな社会資源との連携・協働を強めていく必要性も述べられている。

　「保育所保育指針解説」(以下，「解説書」) では，これらのために①においては，保護者とともに子どもの育ちを支える視点を持ち，子どもの育ちを保護者とともに喜び合うことを重視することや，保護者の養育する姿勢や力の発揮を支えるためにも，保護者自身の主体性，自己決定を尊重することが基本であるとしている。

　②においては，子どもや子育て家庭に関する「ソーシャルワーク」の中核を担う関係機関と必要に応じ連携，協働を図るために，保育者も「ソーシャルワーク」の基本的な姿勢や知識，技術などについて理解を深め，支援を展開していくことが望ましいと述べている。

　このように今日，子育て問題が普遍化，社会化する中でこれらの問題に真に取り組めるように，保育所の機能整備・拡充が進められている。子育て支援にあたっては，保育士をはじめとした保育者は保護者とともに子どもの育ちを支える視点を有することや，他機関との連携・協働にあたり，ソーシャルワークの知識と技術などを援用しつつ，保育所の特性と保育者の専門性を活かし，子ども家庭支援を展開していくことが望まれている (第 1・4 章参照)。

（2）保育所における子育て支援

1）保育者に求められる専門性

　保育所は，地域の中で最も身近に感じられる「子どもの育ちの場」であるとともに，「親育ちの場」でもある。保育所では，保育の専門的知識と技術を備えた保育者をはじめとして，看護師，栄養士，調理員などの専門職者が保育の実践に当たっている。このように保育所の特性は，各領域の専門性を有する職員がチームとして保育に当たっているということである。

　では，保育士をはじめとした保育者にはどのような専門性が必要なのであろうか。これについて，「解説」では，6つの専門性を求めている。それらを要約すると以下の通りである。

① 子どもの発達に関する専門的知識をベースに，子どもの発達を援助する知識と技術。

② 子ども自らが生活していく力を，細やかに助ける生活援助の知識と技術。

③ 保育所内外のあらゆるものを生かしながら，保育の環境を構成していく知識と技術。

④ さまざまな遊びを豊かに展開していくための知識と技術。

⑤ 子ども同士や子どもと保護者の関わりを見守り，その気持ちに寄り添いながら必要な援助をしていくための関係構築の知識と技術。

⑥ 保護者などへの相談，助言に関する知識と技術。

　以上のような専門性を背景に，状況に応じ，適切かつ柔軟に子どもの保育や保護者支援を行う専門職者（保育者）であり，こうした専門性を有する者が地域に身近に存在している意義は大きい。

　具体的に，保育所においてどのように子育て支援が展開されるのであろうか。ここでは，「解説」に基づき，「保育所を利用している保護者に対する子

育て支援」と「地域の保護者などに対する子育て支援」について考えてみたい。

2）保育所を利用している保護者に対する子育て支援

　子どもの最善の利益を考慮し，子どもの福祉を重視した子育て支援を進めていくためには，家庭と保育所が相互理解を図り，関係性を深める必要がある。そのためには，保育者が保護者の置かれている状況を的確に把握し，受容することや，日々の保育について，その意図を理解してもらえるよう丁寧に説明すること，保護者の疑問や要望について誠実に対応し，相互理解を深める努力が必要である。

　このための具体的な手段や機会には，連絡帳や保護者へのお便り，送迎時の対話，保育参観や保育への参加，親子遠足や運動会などの行事，入園前の見学，個人面談，家庭訪問，保護者会などがある。これらの手段，機会をうまく活用し，保護者をいかにエンパワメントするのか，よく考慮した上での対応が求められる。

　また，子どもに障害や発達上の課題が見られる場合は，家庭との連携をより密にし，子どもだけではなく保護者を含む家庭への支援や，記録を個別に作成するなどの対応を図る必要がある。さらに，育てにくさを感じている保護者には，かかりつけ医や保健センターなど関係する社会資源を活用し，関係機関と連携，協力しながら支援していくことが求められる。これは，保護者に不適切な養育等が疑われるケースについても同様である。したがって，保護者と子どもの関係に気を配りながら，市町村をはじめとした関係機関と連携を図り，子どもの最善の利益を重視した支援を行うことが大切である。

3）地域の保護者などに対する子育て支援

　児童福祉法では，保育所は保育に支障をきたさない範囲で，地域の保護者などに対して，保育に関する情報提供や相談および助言を行うよう努めなければならないと規定されている（第48条の4）。

　近年，地域における子育て支援の役割が一層重視されており，保育所の持

つ専門的機能を地域の子育て支援において積極的に展開することが望まれている。地域に開かれた子育て支援の場として，保育所への期待は大きい。こうした地域における子育て支援にあっては，保育所の特性を活かすことが重要である。

例えば，食事や排せつなどの基本的生活習慣に関することや遊び，子どもとの関わり方など，子どもや保護者の状況に応じて，具体的に助言したり，行動見本を実践的に提示することなどが挙げられる。また，こうした支援においては，各保育所の特色を活かしたり，地域の実情に応じた取り組みを図ることも重要である。

気軽に訪れ，相談できる保育所が保護者の身近にあることは，子育て家庭の安心感につながる。したがって，地域の子育て家庭を積極的に受け入れていく姿勢を示していく必要がある。

2 保育者の価値と倫理

保育者がその専門性を発揮していくために必要な要素として価値と倫理がある。ここで言う価値とは，保育者が目指すべき姿の方向としての道標や期待する到達点といえる。そして，倫理とは，善悪の普遍的な判断基準であり，価値を実現していくためのルールやモラルのことである。

福祉専門職には，高い専門的知識と技術が求められるが，それらを備えていることと，それらが正しく使われるかは別の問題である。したがって，専門職者としての価値と倫理が重要となってくる。では保育者の価値と倫理とは，具体的にはどのようなものだろうか。

保育者は，子育てに関する専門的知識と技術を有するプロフェッショナルであり，その言動は子どもや保護者に対して多大な影響を与える。例えば児童福祉法では，「保育士は，保育士の信用を傷つけるような行為をしてはならない」（第18条の21）といった信用失墜行為の禁止や「保育士は，正当な理

由がなく，その業務に関して知り得た人の秘密を漏らしてはならない。保育士でなくなつた後においても，同様とする」（第18条の22）といった秘密保持義務がある。これらに違反すると，保育士登録の取り消しや停止，保育士の名称使用の禁止といった厳しい罰則が設けられている。

　また保育指針においても，「保育所における保育士は，児童福祉法第18条の4の規定を踏まえ，保育所の役割及び機能が適切に発揮されるように，倫理観に裏付けられた専門的知識，技術及び判断をもって，子どもを保育するとともに，子どもの保護者に対する保育に関する指導を行うものであり，その職責を遂行するための専門性の向上に絶えず努めなければならない」（第1章総則）と示されている。つまり，専門的知識や技術や判断は高い倫理観よって裏づけられるものであるといえる。

　このように，専門職者である保育者が「質の高い保育」を実践するには，専門職者としての倫理観を培っていく必要がある。そのために，各分野における専門職と呼ばれる仕事には「倫理綱領」が定められており，向かうべき方向性とそれらの実現に向けた道標となっている。「倫理綱領」があるということは，その職務が専門職であるという証である。保育者には「全国保育士会倫理綱領」があり，それの内容を正しく理解し，遵守することが求められている（第1章参照）。

3　子ども家庭支援における保育者の基本的態度

（1）子どもの最善の利益と子どもの福祉の重視

　保育所は子どもの心身発達の場であり，保育者は子どもが健やかに成長していくために，子どもの最善の利益を考慮し，さらにその福祉について積極的に増進するよう努めなくてはならない。そのために，ここでは児童福祉法，児童の権利に関する条約について確認する。

第5章　保育者の専門性と基本的態度

1）児童福祉法と子どもの権利

　1947（昭和22）年に児童福祉法が制定され，子どもに対する基本的人権とそれに対する社会的責任が明記され，日本の児童福祉は新たな一歩を踏み出すことになった。そして，法制定から約70年経った2016（平成28）年に「児童福祉法等の一部を改正する法律」が成立し，一部を除いて2017（平成29）年4月より施行された。この法改正の大きなポイントは，今まで変更されなかった理念規定が見直されたことである。これにより，児童福祉法制定時にあった「育成される」「愛護される」のような受動的な権利保障から，子どもの権利に関する条約の精神に則り，子どもが権利を行使する主体であるという位置づけに変更された。そして，今後，子どもの福祉に関するあらゆる局面において，この理念に則った対応が求められることになった（第1～3章参照）。

　保育の分野においてもこの理念に基づき，子どもの意見を尊重し，子どもの最善の利益を優先しながら，多角的な視点から支援，援助が展開される必要がある。

2）子どもの最善の利益の尊重

　児童の権利に関する条約（第1章参照）は，子どもを権利行使の主体として捉え，生存権，意見表明権，表現の自由，プライバシーの保護，教育を受ける権利など多くの権利を認めている。そして，この条約で繰り返し強調されているのが「子どもの最善の利益」である。

　子育て支援における主な対象者は保護者である。そのため，保護者の利益が優先されがちである。しかし尊重すべきことは「子どもの最善の利益」である点を，保育者は忘れてはならない。共働きの世帯の増加により保育サービスのニーズは高くなり，都市部においては保育所の定員数を超え，待機児童問題や保育者不足問題が社会問題化しており，いまだ解決に至っていない。国や地方自治体ではこれらの問題に対処していくために，認可保育所の面積基準の一部緩和や有資格者の配置の緩和などの検討が行われている。しかし，

101

保育所は保護者のニーズを満たすためにあるものではなく，保育を必要とする子どもの保育を行い，その心身の健全な発達を図ることを目的とする児童福祉施設である。その一連の取り組みによって，保護者のニーズや思いを結果として満たしていくことにつながらなければならない。そのためには，まず入所する「子どもの最善の利益」を考慮し，その福祉を積極的に増進するのに最もふさわしい生活の場となるよう，保育者は常に子どもの視点に立ち，アドボケイトを実践していくことが重要である。

（2）保護者との信頼関係を基本とした受容的関わり
1）信頼関係の形成
　子育て支援に限らず，対人サービスにおいて必要なのが信頼関係の形成である。私たちの日常生活において，悩みや困ったことがある時に相談する相手は「この人なら自分の悩みをしっかりと聴いてくれる」と信用される人物であろう。相談や支援を求める人のリアルニーズを導き出すためにも，まず最初にお互いが信頼し合える関係を築く必要がある。では，信頼関係はどのようにして形成されるのであろうか。

　信頼関係において必要なことはコミュニケーションである。そして，コミュニケーションは大きく 2 つに分けられる。すなわち，言葉を介して行われる言語的コミュニケーション（バーバルコミュニケーション）と顔の表情や身振り手振りなどを介して行われる非言語的コミュニケーション（ノンバーバルコミュニケーション）である。「目は口ほどにものを言う」という諺があるが，お互いのコミュニケーションを図る上で，言葉と同じく，相談を受ける態度についても細心の注意を払わなければならない。

　そこで必要となるのが傾聴である。傾聴とは，共感的，受容的な態度で耳と心を傾け熱心に聴くことである。仕事に熱心な保育者ほど，保護者から育児に関する相談などを受けた際，あれこれと一方的にアドバイスをしがちである。熱意は大切だが，これでは保護者の求めるリアルニーズを知ることは

できない。保育者には，保護者の思いを受け止め，共に寄り添う姿勢が必要であり，こうした関わりを通して築かれた信頼関係の下で，初めて子育て支援が成り立つのである。

2) 受容的な関わり

対人サービスにおける受容とは，相手のあるがままの姿を受け入れることである。これは，たとえ相手の思想や態度，行動が道徳的に逸脱したものであっても善悪を判断せず，ありのままを受け入れることでもある。しかし，ここで注意しておきたいのは，非道徳的なことを容認したり，同調することではない。あくまで等身大のその人を，そのまま受け入れることである。

例えば，保育所において，このような関わりが必要なのが，子どもに障害や発達上の課題が見られる保護者の対応においてである。こうした子どもを養育する保護者は，不安や焦りなどで精神的に不安定で混乱した状況に陥っていることが多い。そうした状態で，保育者から「発達障害があるのではないか」「発達検査を受けてはどうか」などと言われたとすれば，保護者に一層の不安や混乱を招くだろう。子どもに障害があった場合，保護者の障害受容には，多くの場合，それなりの時間を必要とする。したがって保育者は，焦らずじっくりと時間をかけながら保護者に寄り添い，思いや感情を受け止めることが大切である。

4 本章のまとめ

家族形態の変化は，地域のつながりの希薄化や子育ての閉鎖化などを生み出したため，子どもや保護者を地域で支える支援体制が急務となった。こうした「子育ての社会化」を進展させていくために，地域の子育て支援の担い手としての保育者の役割が大きくなっている。保育者は，日々の子どもの保育活動や地域の子育て支援を通して保護者とつながっており，保育という専門性を通して子育て家庭への支援を展開していくことが期待されている。こ

のような支援において忘れてはならないのが,「子どもの最善の利益」である。保育者は,常に子どもの視点に立って保護者への支援にあたらなければならない。また,これらの支援にあたっては,専門職者としての行動指針である倫理綱領を遵守しながら実施しなければならない。

さらに考えてみよう

① 保育所を利用する保護者や地域に住む保護者が気軽に子育てについて相談できる環境を整えるためには,どのようなことが必要だろうか,実際に行われている地域の子育て支援について調べた上で,新たな子育て支援策や改善策を考えてみよう。

② 実際の相談場面を想定し,保護者役と保育者役の2人1組になり,傾聴や受容的関わりについて体験してみよう。

注

(1) 汐見稔幸『さあ子どもたちの「未来」を話しませんか』小学館,2017年,129頁。

参考文献

柏女霊峰・橋本真紀編著『保育相談支援』ミネルヴァ書房,2011年。

桐野由美子編『保育者のための社会福祉援助技術』樹村房,2006年。

小林育子『保育相談支援』萌文書林,2010年。

小林豊・秋田喜代美編『子どもの理解と保育・教育相談』みらい,2008年。

厚生労働省編『保育所保育指針解説書』フレーベル館,2008年。

厚生労働省編『保育所保育指針解説』フレーベル館,2018年。

新保育士養成講座編纂委員会編『家庭支援論』全国社会福祉協議会,2011年。

吉田眞理『保育相談支援』青踏社,2011年。

第5章　保育者の専門性と基本的態度

── コラム5　選択的シングルマザー（SMC）──

　選択的シングルマザー（Single Mother by Choice：SMC）とは，アメリカの心理療法士ジェーン・マテスが1981年に提唱した概念で，「自らの意志でシングルマザーになることを希望し，1人で子どもを産み育てることを決めた女性」と定義されている。配偶者との死別あるいは離別によりシングルマザーとなった女性や，妊娠後にシングルマザーとなることを決めた女性とは区別して，非婚，すなわち自らの意志で結婚せずに妊娠，出産したシングルマザーのことを指す。

　このように，一言で「シングルマザー」といっても，シングルマザーに至った経緯は人によりさまざまである。「人口動態統計」（厚生労働省，2015年）によると，前回調査（2010年）に比べ，シングルマザー全体では数が微減しているが，そのうち未婚のシングルマザーに限って見ると，その数は急増している（前回比：33.8％増）。

　法律上婚姻関係を結んでいないカップルやその子どもからなる家庭も多いフランスなどに比べ，婚姻制度ありきの日本では，選択的非婚出産はまだあまり広く知られていない。しかし，ライフスタイルや価値観の多様化に伴い，結婚という形にとらわれずに家族を持つ家庭が，日本においても今後少しずつ増えていく可能性がある。

　保育者の役割には，子どもの保育だけでなく家庭支援も含まれるという観点からすると，保育者には，こうした社会環境の変化に常に敏感であることが求められる。また，子育て中の家族のあり方が多様化することを見据え，保育者には，いわゆる標準世帯を基準とした家族の形やあるべき姿を押し付けず，それぞれの家族の価値観を尊重した上でその家族にとっての一番ふさわしい支援，柔軟な対応が今後ますます求められるであろう。ただ，その一方で，どんなに時代が変化し，子育て観や家族観が多様になっても，子どもの権利や最善の利益を保障するという観点だけは，支援の根幹として変わらず，最優先で考えるべきであるということを忘れてはならない。

<table>
<tr><td>第6章</td><td>社会資源と地域のネットワーク</td></tr>
</table>

―― 学びのポイント ―――

　子どもや家族が生活する地域には，子どもの育ちと育てを支えるさまざまな社会資源がある。子どもを取り巻く環境が多様化・複雑化する中で，多様なニーズのある子ども家庭を適切に支援していくためには，保育所だけで支援を抱えるのではなく，子育て家庭が置かれた環境や地域社会との関係にも視野を広げて，連携を求め，それらの特性や機能を保育所の支援に活用していくことが必要である。

　また，支援を必要としながらも制度やサービスにつながりにくい子育て家庭もある。保育所は，子育て家庭，さらには地域社会をつなぐ拠点として，地域に積極的にアウトリーチしていくとともに，すべての子どもの育ちと育てを地域全体で支える環境づくりに向けてネットワークを形成していくことが重要である。

1　保護者の子育てと家庭を支える社会資源

（1）地域の社会資源と保育所の連携

　保育所の役割について，「保育所保育指針」では，「保育所は，入所する子どもを保育するとともに，家庭や地域の様々な社会資源との連携を図りながら，入所する子どもの保護者に対する支援及び地域の子育て家庭に対する支援等を行う役割を担うものである」とされている（「保育所保育指針」第1章1（1）保育所の役割ウ）。

　本章では，保育所に入所する子どもと保護者への支援，地域の子育て支援にあたって，保育所が連携することの多い地域の社会資源[1]を取り上げる。子育て家庭に関わる専門機関・施設・組織及びネットワーク等，保育所がどの

ような社会資源と，どのように連携を求めることができるのか，それぞれの特性や機能を理解しておきたい。

（2）専門機関・施設・組織

1）市町村保健センター・保健所

「市町村保健センターは，住民に対し，健康相談，保健指導及び健康診査その他地域保健に関し必要な事業を行うことを目的とする施設」（地域保健法第18条の2）として，市町村に任意で設置される。職員として，保健師，看護師，管理栄養士等が配置される。母子健康手帳の交付，妊産婦健康診査，乳幼児健康診査，新生児訪問指導等の基本的な母子保健サービスは，市町村（市町村保健センター）が主体となって実施されている。

保健所は，地域保健法に規定される，地域住民の健康や保健衛生を支えることを目的とした行政機関である。都道府県，指定都市，中核市（特別区含む）に設置される。職員として，医師，保健師，助産師，看護師，薬剤師，獣医師，管理栄養士，精神保健福祉士等が配置されている。保健所では，対人保健サービスのうち，より広域的な保健サービス，専門的技術を必要とする保健サービスの他，食品衛生や環境衛生に関する対物保健等が総合的に実施されている。母子保健に関することでは，不妊相談，思春期相談，障害や難病に関する相談，子育てに関する相談や研修会，市町村相互間の連絡調整や市町村への技術的支援が行われている。

2）福祉事務所

福祉事務所は，社会福祉法第14条に規定される「福祉に関する事務所」である。地域住民の福祉を図るために，福祉六法（生活保護法，児童福祉法，母子及び父子並びに寡婦福祉法，老人福祉法，身体障害者福祉法，知的障害者福祉法）に定める援護，育成，または更生の措置に関する事務が行われている。都道府県及び市，特別区に設置義務があり，町村には任意で設置される。「子ども福祉課」や「障害福祉課」などとして設置されることが多い。

第6章　社会資源と地域のネットワーク

　福祉事務所には現業員（ケースワーカー）が配置され，担当地域の生活困窮
者家庭，障害者（児）のいる家庭，ひとり親家庭等の状況把握や家庭訪問，
生活指導，自立支援等が行われている。子育て家庭に関することでは，児童
手当の受給手続きや乳児家庭全戸訪問事業（こんにちは赤ちゃん事業），養
育支援訪問事業などの子育て支援事業の利用手続き，民生委員・児童委員に
関する事務等が行われている。また，要保護児童を発見した場合の通告先の
一つとしても規定されている（児童福祉法第25条）。

3）家庭児童相談室

　家庭児童相談室は子ども家庭福祉の充実・強化を図るため，福祉事務所に
設置されている（「家庭児童相談室の設置運営について」〔昭和39年4月22日厚生省
発児第92号厚生事務次官通知〕）。子ども家庭相談に特化した専門職として家庭
相談員が配置され，家族関係や養育環境，子どもの発達，不登校などの子ど
もに関するあらゆる相談に対応している。保育所や学校等の関係機関からも
相談でき，保育所や学校等への訪問支援も行っている。

　家庭児童相談室は，市町村の子ども家庭相談の中核的な支援機関として，
児童相談所から指導委託を受けた子どもの家庭訪問，来所面接，助言・指導
を行う他，子育て家庭のニーズに応じて，養育支援訪問事業，保育所入所，
一時保育等の子育て支援サービスをコーディネートして，家庭の養育を支援
していく。家庭児童相談室が，要保護児童対策地域協議会の調整機関を担っ
ている市町村もあり，児童虐待の早期発見から支援にわたる地域のネット
ワークの構築と関係機関の連携強化に向けて，児童相談所，保健所・市町村
保健センター，保育所，学校，警察，民生委員・児童委員等との連絡協議会
や委員会を運営・推進していくことも重要な役割である。

4）民生委員・児童委員

　民生委員は，民生委員法に基づいて厚生労働大臣から委嘱された非常勤の
地方公務員である。すべての民生委員は，児童福祉法に基づく「児童委員」
も兼務している。担当地域の住民の身近な相談相手として，妊娠・出産の不

安や子育ての悩みなどの相談に応じたり，福祉サービスを利用するためのサポートを行ったりする他，災害時には障害児の避難対応窓口となる等，家庭の生活や福祉全般について，住民と行政や専門機関をつなぐ役割を担っている。

5）児童相談所

児童相談所は，児童福祉法第12条に規定される，子ども家庭相談の中核を担う行政機関である。子どもに関する相談に応じ，子どもの置かれた環境とニーズを的確に把握して，一人ひとりの子どもと家庭への最も効果的な支援を行うことによって，子どもの福祉の充実を図るとともに，子どもの権利を擁護することを主な目的としている。都道府県と指定都市に設置義務があり，中核市や特別区（東京23区）も設置することができる。

児童相談所の主な業務は，子どもに関するさまざまな問題について，家庭や学校などからの相談に応じること，子どもや家庭について，必要な調査ならびに医学的，心理学的，教育学的，社会学的及び精神保健上の判定を行うこと，調査や判定に基づいて必要な指導を行うこと，子どもの一時保護，里親に関する普及啓発や里親への支援，障害に関する相談や療育手帳の判定等がある。職員として，児童福祉司のほか，児童心理司，医師または保健師，指導・教育担当の児童福祉司（スーパーバイザー），弁護士の配置またはこれに準じる措置が行われており，多職種専門職がチームアプローチで，子育て家庭の課題に対応するのが特徴である。なお，2019年の児童福祉法の一部改正により，2022年４月からは，医師と保健師の配置が義務化される。

児童虐待対応については，市町村との役割分担が明確化されており，児童相談所では，より専門的な知識及び技術を必要とする子育て家庭への支援を重点的に担当する。子どもの生命に危険が及ぶなど，リスクが重大な場合には，家庭から子どもを引き離す一時保護，児童養護施設等への入所措置，里親委託等の措置がとられる。在宅での支援を図る場合には，児童福祉司指導や児童家庭支援センター指導等の措置をとるほか，市町村や民間団体に委託して，保護者支援プログラム等も取り入れながら，子育て家庭への支援が継

第6章 社会資源と地域のネットワーク

図6-1 児童虐待対応における児童相談所と市町村の関係

〈通所・在宅支援のイメージ〉

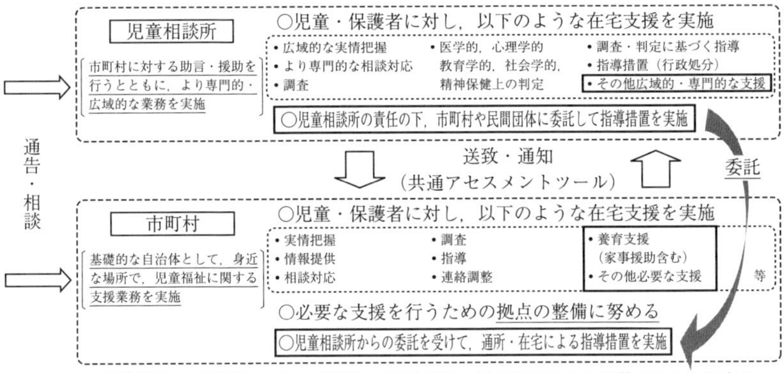

児童相談所

市町村に対する助言・援助を行うとともに、より専門的・広域的な業務を実施

○児童・保護者に対し、以下のような在宅支援を実施
- 広域的な実情把握
- より専門的な相談対応
- 調査
- 医学的、心理学的、教育学的、社会学的、精神保健上の判定
- 調査・判定に基づく指導
- 指導措置（行政処分）
- その他広域的・専門的な支援

○児童相談所の責任の下、市町村や民間団体に委託して指導措置を実施

送致・通知
（共通アセスメントツール）

委託

市町村

基礎的な自治体として、身近な場所で、児童福祉に関する支援業務を実施

○児童・保護者に対し、以下のような在宅支援を実施
- 実情把握
- 情報提供
- 相談対応
- 調査
- 指導
- 連絡調整
- 養育支援（家事援助含む）
- その他必要な支援 等

○必要な支援を行うための拠点の整備に努める

○児童相談所からの委託を受けて、通所・在宅による指導措置を実施

通告・相談

※指導措置の「指導」には、市町村の養育支援などを受けるよう指導することを含む。

出所：厚生労働省「市町村・都道府県における子ども家庭相談支援体制の整備に関する取組状況について」2018年、110頁を筆者改変。

続して行われるように後方支援する（図6-1）。在宅での支援に、保育所入所や一時保育が活用されることも多く、児童福祉司や児童心理司が保育所を訪問して支援にあたることもある。

6）要保護児童対策地域協議会（子どもを守る地域ネットワーク）

要保護児童対策地域協議会は、要保護児童等に関する情報交換や支援内容の協議を行うための、法定化された組織（ネットワーク）である。児童相談所、市町村保健センター、家庭児童相談室、福祉事務所（生活保護課、障害福祉課等）、保育所、地域子育て支援センター、学校、教育委員会、医療機関、警察、民生・児童委員等が構成員となって、組織される。要保護児童対策地域協議会では、構成員に対して守秘義務を課すとともに、要保護児童等に関する情報の交換や支援内容の協議を行うために必要があると認めるときは、関係機関等に対して資料又は情報の提供、意見の開陳その他必要な協力を求めることができる（児童福祉法第25条の3）。

「保育所保育指針」では、保育所に入所する子どもの保護者に不適切な養育等が疑われる場合や地域の要保護児童への対応などに関して、要保護児童

対策地域協議会と連携することを求めている（「保育所保育指針」第4章2（3）不適切な養育が疑われる家庭への支援イ，第4章3（2）地域の関係機関等との連携イ）。要保護児童対策地域協議会の機能を活用することは，地域の要保護児童等を早期に発見して，迅速に支援を開始することにつながる。市町村の「要保護児童対策地域協議会設置要綱」等を確認し，連絡調整の窓口となる調整機関や個別ケース検討会議，実務者会議，代表者会議の3層構造など，全体的な仕組みを把握しておくことが必要である（図6-2）。

7）児童家庭支援センター

児童家庭支援センターは，児童虐待のリスクがある家庭や障害・発達課題のある子どもを養育する家庭等を，より地域に密着して専門的に支援するための児童福祉施設である（児童福祉法第44条の2）。児童相談所の措置を受託して，特に支援を必要とする子育て家庭への訪問支援や面接指導を継続して行っていく他，施設退所後の家庭環境の調整，里親やファミリーホームからの相談にも対応している。児童養護施設や乳児院等の児童福祉施設に附置されることが多く，その機能を活かして，24時間体制での相談，ショートステイやトワイライトステイなどの利用調整も行っている。市町村への支援として，乳幼児健診や養育支援訪問事業等への職員派遣も行われている。

8）児童発達支援センター

児童発達支援センターは，障害や発達課題のある子どもが通所によって，日常生活における基本的な動作の指導，知識や技術の取得，集団生活への適応訓練等の支援を受けることができる児童福祉施設である（児童福祉法第43条）。支援の内容によって，福祉サービスのみを行う福祉型と治療と福祉サービスを行う医療型がある。

児童発達支援センターは，障害や発達課題のある子どもが，一人ひとりの特性に応じた療育に支えられながら育ち・育てられる場として，その専門性や機能を地域に開いていくことも重要な役割であるとされ，通所する子どもの療育の他にも，地域の障害児及び家族への支援，障害児を預かる施設に対

第6章 社会資源と地域のネットワーク

図6-2 要保護児童対策地域協議会の役割と機能

要保護児童対策地域協議会（子どもを守る地域ネットワーク）

【平成16年児童福祉法改正により制度化】
　要保護児童の適切な保護等を図るために必要な情報の交換を行うとともに，要保護児童等に対する支援の内容に関する協議を行う

○ 関係機関間の情報共有を促進
　※ 従来の虐待防止ネットワークでは担保できなかった構成員の守秘義務を担保
　　　　　　　　　　　　　　　　　　　　（→構成員間の情報交換は円滑化）
○ 市町村に設置し，都道府県や警察，民間の機関も参画
　※ 市町村の担当部局のほか医師，民生・児童委員，保健所，保育所，学校，警察署など
○ 発見から支援まで，一貫した対応のための連携を促進
　《メリット》虐待の早期発見，迅速な支援開始，情報共有，役割・責任の明確化，
　　　　　　支援内容の充実，関係機関の相互理解，職員のメンタルケア
○ 関連する各種ネットワークとの相互乗り入れも前提
　※ 法定協議会の設置に伴い，すでにうまく機能している既存の組織を壊す必要はない

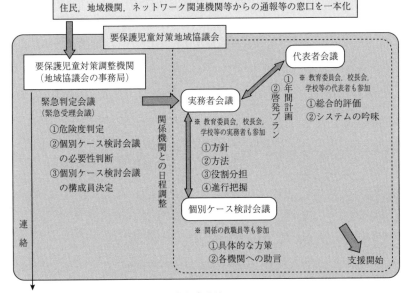

出所：文部科学省「児童虐待防止と学校」2006年を筆者改変。

する支援（保育所等訪問支援等），支援機関の連絡調整等を行っている。保育所・小学校・中学校・高校へと主な生活の場が移行しても，切れ目なく支援を提供できるように，放課後等デイサービスを併設しているセンターもある。

9）子育て世代包括支援センター（母子健康包括支援センター）

子育て世代包括支援センターは，保健師やソーシャルワーカー等の専門職を配置して，妊娠期から子育て期にわたる親子のあらゆる相談に，ワンストップで対応する総合支援拠点として，整備が進められている（図6-3）。2016（平成28）年の「児童福祉法等の一部を改正する法律」（平成28年法律第63号）により，母子保健法第22条が改正され，市町村は，妊娠期から子育て期にわたる切れ目のない支援を行う「子育て世代包括支援センター」（法律上の名称は，「母子健康包括支援センター」）を設置するように努めることとされた。

子育て世代包括支援センターの必須業務としては，①主に妊産婦及び乳幼児の実情を把握し，②妊娠・出産・子育てに関する各種の相談に応じ，③必要に応じて支援プランの策定や，④地域の保健医療または福祉に関する機関との連絡調整が示されている[3]。妊産婦及び乳幼児に対して，母子保健施策と子育て支援施策との一体的な提供を行うことにより，地域の特性に応じた妊娠期から子育て期にわたる切れ目のない支援を提供する体制を構築することが目的とされている。

望まない妊娠や転居などで支援につながらない親子へのアプローチ，育児不安や児童虐待の深刻化を予防することが急務の課題となる中で，フィンランドの子育て支援制度「ネウボラ」をモデルに，母子の心身のケア，産後ケア事業，産前・産後サポート事業等，妊娠から子育て期までの切れ目ない支援を行うための妊娠・出産包括支援モデル事業として，2014（平成26）年から一部の地方自治体で導入されるようになった。保健師やソーシャルワーカーなどによる医療・保健・福祉が一体となった相談支援，マネジメントを受けることができる（図6-4）。

第6章　社会資源と地域のネットワーク

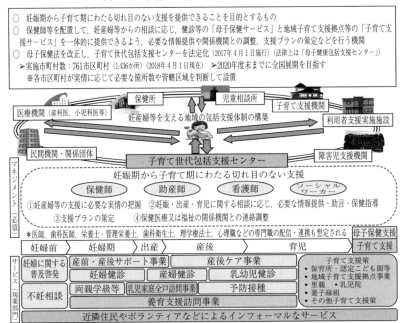

図6-3　子育て世代包括支援センターの概要

出所：内閣府子ども・子育て本部「子ども・子育て支援新制度について　Ⅸ　地域子ども・子育て支援事業」2019年を筆者改変。

10）地域子育て支援拠点

　核家族化や地域社会のつながりが希薄化する中で，子育て家庭が，子育て仲間や子育て経験者，地域住民等とのつながりや関係を作り，不安や孤独感を抱え込まず，互いに支え合いながら子育てができるように支援を提供する場として，地域子育て支援拠点の整備・充実が進められている。市町村が実施する地域子育て支援拠点事業であり，社会福祉法人やNPO法人などに委託運営されている。

　地域子育て支援拠点は，保育所や公共施設，商店街の空きスペースや公営住宅の空き住戸など，地域の子育て家庭が利用しやすい身近な場所に開設されている。保育士や子育て経験者などのスタッフが常駐して，①子育て親子

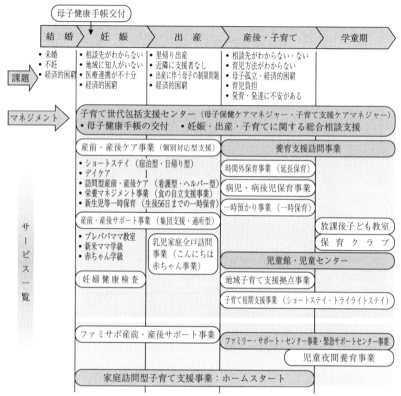

図6-4 埼玉県和光市の「わこう版ネウボラ」事業の概要

わこう版ネウボラでは、母子健康手帳を地域のネウボラ拠点で交付し、妊娠期から出産・子育てに関する相談支援を母子保健ケアマネジャー及び子育て支援ケアマネジャーが一貫して行います。その支援は、母子保健及び福祉の視点をもち、経済的問題等にも対応します。

出所：和光市役所「2019年度ネウボラガイド」2019年を筆者改変。

の交流の場を提供し、親子遊びやイベント等を通じた子育て当事者の交流の促進、②子育て等に関する相談支援、③地域の子育てに関する情報の提供、④子育て・子育て支援に関する講習の4つの基本事業の他、地域の子育ての実情に応じた多様な取り組みが行われている。

11) ファミリー・サポート・センター

ファミリー・サポート・センターは，「急な用事で子どもを預かってほしい」「保育所のお迎えをお願いしたい」等，子育てのサポートを受けたい人（依頼会員）とサポートしたい人（提供会員）が会員となって，地域の住民同士で子育てを支え合う会員制の組織である。市町村が設置して，社会福祉協議会や NPO 法人等によって運営されている。「地域子ども・子育て支援事業」の「子育て援助活動支援事業」に位置づけられる。会員のマッチングや連絡調整を行う事務局が置かれ，提供会員に対する講習，会員同士の交流会や情報交換会等が行われている。

2　子どもと保護者・家庭を支える地域のネットワーク

「保育所保育指針」において，保育所は，市町村や関係機関と連携して，保護者の育児不安に個別に対応すること，子どもの障害や発達上の課題，外国籍家庭などの特に支援を必要とする子育て家庭への個別支援に努めることが示されている。(4)

障害や発達課題がある子どもを保育するにあたっては，医療や保健の専門的な知識や支援が必要とされる。また，不適切な養育や児童虐待は，経済的な問題，家族関係，保護者の就労状況，地域社会との関係など，さまざまな要因が複合的に絡み合って生じている。市町村には，個別の課題に応じた支援を行うための，①母子保健のネットワーク，②発達支援のネットワーク，③児童虐待防止のネットワーク，④就学支援のネットワークなどが形成されており，保育所は，これらのネットワークの一員として，一人ひとりの個別の課題に応じた支援体制を整えていくことが必要である。また，関係機関の専門性や機能を活用することは，子どもや保護者だけでなく，保育所を支援する役割がある点も意識しておくことが重要である。

（1）母子保健のネットワーク

　母子保健法において，「妊娠した者は，厚生労働省令で定める事項につき，速やかに市町村長へ妊娠の届出をするようにしなければならない」（第15条），また「市町村は，妊娠の届出をした者に対して母子健康手帳を交付しなければならない」（第16条第1項）とされる。妊娠届や母子健康手帳の交付によって，すべての母子は，妊産婦健康診査や乳幼児健診などの母子保健サービスを受けることができる。

　一方，望まない妊娠などの場合には，母子保健サービスにつながらないこともある。また，里帰り出産や転居等によって，支援が途切れてしまう場合もある。不十分な産後ケアや「ワンオペ育児」などは，児童虐待などの深刻な問題につながることもある。母子保健機関を中心とした，妊娠期から子育て期にわたる切れ目ない包括的な支援体制は，すべての妊産婦・乳幼児に必要なケアとサポートを提供するシステムとして，孤立した子育てや児童虐待を予防していくことにも重要な役割がある。

　例えば，A市では，市町村保健センターに「妊娠届」を提出した場合，母子健康手帳と妊婦健康診査受診券を交付するだけであるが，子育て世代包括支援センターでは，妊娠届の提出により母子健康手帳の交付，妊産婦検診や乳幼児健診，出産育児一時金や児童手当など，さまざまな支援サービスを利用するための手続きを1カ所で行うことができる。また，妊娠の届け出時に，保健師が母親との面談を行って，母親の体調や妊娠出産に関する不安や悩みを丁寧に聞き，「予定外の妊娠に戸惑いや不安を感じている」「妊娠・出産を手助けしてくれる人がいない」などの，すべての母親や家庭の状況を把握し，それらに応じて，産前・産後ケア，ホームスタート事業などをコーディネートしている。さらに，乳児家庭全戸訪問事業（こんにちは赤ちゃん事業）等を通じて，特に支援が必要な子育て家庭を把握した場合は，子育て経験者やヘルパー等を派遣して，子育てや家事援助等のサービスにつなげることもできる（養育支援訪問事業）。子どもの発達支援や家庭での養育を支援するために，

第6章　社会資源と地域のネットワーク

保育所が活用されることも多く，保育所にとっても，乳幼児健康診査の受診⁽⁵⁾状況，予防接種の状況，感染症などの既往歴等を把握でき，健診等の未受診を防ぐ役割もある。また，保育所では地域の「気になる子ども」や「保護者との関わり」について相談することもできる。

（2）発達支援のネットワーク

　子どもに障害や発達上の課題がある場合，適切な療育に支えられながら，地域社会との豊かなつながりの中で育ち，育てられるように，早期から支援していくことが重要である。児童発達支援センターを中心とした発達支援のネットワークは，一人ひとりの特性や課題に応じた支援体制の構築に向けて，医療機関，児童相談所，発達障害者支援センター，特別支援学校，発達支援事業所等の関係機関が，連絡協議会，ケース検討会議，発達検査，巡回訪問，カウンセラーの派遣，特別支援学校との交流，就学の相談等に取り組んでいる。

　児童発達支援センターでは，子どもの発達について専門的な知識を持つ保育士，臨床心理士，作業療法士，言語聴覚士等が，保育所や子育て支援拠点等を巡回して相談に応じる「巡回支援専門員整備事業」，家庭や保育所等を訪問して療育に関する相談や助言，指導を行う「障害児等療育支援事業」を行っており，子どもの「成長・発達が気になる」段階から支援を開始することができる。また，保育所の保育の場面で生じる「ちょっと困ったこと」や「支援の工夫」に対しては，保育所等訪問支援を活用することができる。⁽⁶⁾

（3）児童虐待防止のネットワーク

　保育所が，児童虐待のリスクがある子育て家庭を発見した時には，専門機関としての通告義務と適切な対応を図る責務がある。市町村には，要保護児⁽⁷⁾童等の個々の課題に適切に対応するための要保護児童対策地域協議会が設置されており，保育所・担当保育士は，個別のケースについて担当者レベルで検討する「個別ケース検討会議」に参加して，関係機関とともに，支援内容

の協議を行い，また支援内容の見直しを行う。保育所への通園状況や送迎，保護者の家事援助，休日や夜間の生活の見守りなどについては，どのような社会資源が，どのように協力し機能を発揮し合えるのかを把握して，専門機関だけではなく，民生委員・児童委員，NPO 法人，地域住民等，地域の多様な社会資源に連携を求めていくことが必要である。また，児童虐待の問題に対応していくためには，保育所の組織的な支援体制づくりが必要である。保育所内の支援体制づくりには，児童相談所や家庭児童相談室のコンサルテーションを活用することができる。

（4）就学支援のネットワーク

保育所と小学校との連携は，「保育所保育指針」（第2章4（2）小学校との連携）において，その重要性が示されている。「小1プロブレム」という言葉に象徴されるように，幼児期と学齢期では，子どもたちの生活や活動内容に大きな違いがあることから，急激な変化による子どもの困り感を軽減するとともに，保育所で行ってきた支援を小学校に確実につなげていくことが求められている。

保育所に入所している子どもの就学に際しては，子どもの発達や育ちを小学校教育へとつなげていく資料として「保育所児童保育要録」を小学校に送付する。また，小学校教育への円滑な接続に向けて，地域の保育所・幼稚園・認定こども園と小学校が，授業体験，運動会，文化発表会等の行事への参加や地域活動等を通して子ども同士の連携を図り，さらに保育者と教職員が相互に交流したり，情報共有をしたりするなど，互いの支援や教育の内容を理解するための，さまざまな取り組みが行われている。

障害や発達上の課題がある等，特に支援が必要な子どもの就学後の教育支援体制を構築していくためには，子どもや保護者が，小学校（教育委員会）とともに，合理的配慮についての合意を形成できることが必要である。特に支援を必要とする子どもの就学にあたっては，市町村教育委員会のアドバイ

ザー等が保育所等を訪問して児童を観察し，適切な保育に向けて指導・助言等を行う訪問支援，スクールカウンセラーやスクールソーシャルワーカーを活用することができる。保育所は，市町村教育委員会に設置されている「就学指導委員会」や就学時健康診断等の就学支援のシステムを把握し，「就学支援シート」や「個別の支援計画」等の支援ツールも活用しながら，早期からの連携を図っていくことが求められる。

3　すべての子どもを支える地域のネットワーク

（1）保育所から地域へ

　地域の子育て家庭に対する支援について，「保育所は，児童福祉法第48条の４の規定に基づき，その行う保育に支障がない限りにおいて，地域の実情や当該保育所の体制等を踏まえ，地域の保護者等に対して，保育所保育の専門性を生かした子育て支援を積極的に行うよう努めること」（「保育所保育指針」第４章３（１）地域に開かれた子育て支援ア），「市町村の支援を得て，地域の関係機関等との積極的な連携及び協働を図るとともに，子育て支援に関する地域の人材と積極的に連携を図るよう努めること」（「保育所保育指針」第４章３（２）地域の関係機関等との連携ア）が示されている。

　社会的つながりの弱い地域社会での子育ては，身近な人に子育ての悩みを相談したり，子どもの世話などのサポートを求めたりすることが難しい。特に乳幼児の大半は，毎日の生活を家庭や地域で営んでいることからも，保育所は，日々の保育や地域の子育て支援活動を通して，保護者の不安や悩みに寄り添ったり，地域の子育てに関わる人々のつながりを増やしたりして，家庭だけで子育てを抱え込むことがないように，子育て支援のネットワークを構築することが求められている。

　現在，各市町村では，保育所や児童館，商店街の空き店舗や公営住宅の一室などに，子育て中の親子が気軽に集い，遊びや相談ができる地域子育て支

援拠点の充実が図られている。保育所においても，園庭開放，子育て教室，出張保育等のさまざまな取り組みや行事への参加の呼びかけ等が行われている。地域子育て支援拠点担当保育士が，拠点に出向くことが難しい家庭を訪問して，子育て相談を行う事業を実施する地域もある。保育所は，このような地域のさまざまな子育て支援活動が，どこで，どのように行われているのかを把握して，一人ひとりの子育て課題に応じた情報や支援サービスをつないでいく役割を担っている。子育て家庭と地域社会をつなぐ拠点として，保育所は，子どもや家庭が生活する地域に，積極的にアウトリーチしていくことが求められる。

（2）すべての子どもを支える地域へ

　子どもは，家庭を基盤に，地域社会とのつながりや関係の中で，育ち・育てられていく。一方，子どもの貧困，医療的ケア児，日本語を母語としない子育て家庭，保護者の障害や病気などの要因から，地域社会とのつながりを持ちにくい子ども家庭，支援を受けたくても受けられない子育て家庭，ニーズに応える社会資源がなく，家庭の中だけで育ち・育てられている子育て家庭もある。

　近年，特に子どもの貧困問題への関心が高まる中で，孤立しがちな子どもの育ちを支えるために，「子ども食堂」と称される活動が活発化している。[8]さらには，子ども食堂や子ども・若者の居場所づくり，学習支援，ひとり親家庭の支援，子育て家庭への訪問支援などを行う NPO 法人や民間団体，行政，社会福祉協議会，学校，地域住民などが，子育て支援活動やまちづくり活動を通じて，地域の子どもを地域で見守り・支えるネットワークづくりが，各地域で進められている（図6-5）。

　子どもを見守り・支える地域のネットワークは，子どもや家庭に関わる人を増やすことにつながる。また，ネットワークが，きめ細かになっていくことは，子どもが育ち・育てられやすい環境につながっていく。ある地域の

第6章 社会資源と地域のネットワーク

図6-5 地域の子どもを地域で見守り・育てるネットワークの取り組み例

出所:「あらかわ子ども応援ネットワーク」パンフレット。

ネットワークでは，親子が偶然に参加した「子ども食堂」で，その親子の深刻な子育て課題を把握でき，地域子育て支援拠点の訪問サポートにつながった例もあった。学習支援を利用していた子どもが，子どもの居場所づくりの担い手になってくれることもある。

　貧困，不登校，虐待，外国籍，障害など，どのような課題があっても，すべての子どもが健やかに育ち・育てられていくためには，個々の課題を地域の課題として共有して，子ども一人ひとりの生活全体を有機的に支えるネットワークが必要である。保育所もまた，子どもを支える社会資源の一つとして，地域の多様な社会資源と連携してこそ発揮できる役割があることを意識しておきたい。

4　本章のまとめ

　地域には，子育て家庭を支える多様な社会資源がある。保育所が，一人ひとり異なる子育て家庭のニーズに応じた支援を行っていくためには，地域のどこで，誰が，どのような取り組みを行っているのかを把握して，連携を求め，多様な社会資源の特性や機能を，保育所の支援に活用していくことが必要とされる。

　子育て家庭と地域社会をつなぐ役割を担う保育所が，地域の多様な社会資源を知ることは，子どもや家庭を支援する人を増やすことにつながる。貧困，虐待，障害，外国籍など，どのような課題があっても，すべての子どもが健やかに育ち・育てられるように，保育所は地域の多様な社会資源とともに，すべての子どもと家庭を地域で支えるネットワークづくりに取り組んでいく必要がある。

さらに考えてみよう

① 　子どもと家庭を支える社会資源として，あなたが住んでいる地域には，どのようなものがあるか調べてみよう。その名称，種類，機能，所在地等について調べてみよう。

② 　関係機関との連携における守秘義務について，保育所ではどのようなルールづくりが必要か考えてみよう。

注
⑴ 　社会資源とは，「福祉ニーズを充足するために活用される施設・機関，個人・集団，資金，法律，知識，技能等々の総称」(『社会福祉用語辞典』中央法規出版) とされる。社会資源には，保育所，児童相談所，子育て世代包括支援センター，子育て支援拠点事業などのフォーマルな社会資源と家族や友人，近隣住民，子ども会などのインフォーマルな社会資源がある。人と環境の相互作用に働きか

第6章　社会資源と地域のネットワーク

けるソーシャルワークでは，子ども自身が持っている力や友人，文化・慣習など
も，子どもが育つための重要な社会資源として捉えることができる。

(2) 要保護児童等とは，児童福祉法第6条の3第5項及び第8項に規定される，①
要保護児童（保護者のない児童又は保護者に監護させることが不適当であると認
められる児童），②要支援児童（保護者の養育を支援することが特に必要と認め
られる児童（要保護児童を除く），③特定妊婦（出産後の養育について出産前に
おいて支援を行うことが特に必要と認められる妊婦）を指す。虐待のリスクがあ
る子どもだけでなく，非行，不登校，障害児等も含まれる。

(3) 厚生労働省「子育て世代包括支援センター業務ガイドライン」2017年8月。

(4) 「保育所保育指針　第4章子育て支援2保育所を利用している保護者に対する
子育て支援（2）「保護者の状況に配慮した個別の支援」イ及びウ，（3）「不適
切な養育等が疑われる家庭への支援」。

(5) 児童福祉法第25条の8において，虐待事例等特別な支援が必要な子どもに対す
る，市町村による保育利用の勧奨が規定されている。

(6) 保育所等訪問支援は，保護者からの依頼に基づき，保育士や作業療法士，心理
担当職員等の療育を専門とする児童発達支援センターの職員等が，子どもが在籍
する保育所等（保育所・幼稚園・小学校・特別支援学校等）を訪問して，①集団
適応のための訓練等の子ども本人に対する支援，②保育所等の職員に対して，子
どもの特性に応じた支援方法の助言・指導等を行うサービスである。子どもに対
する直接支援だけでなく，保育所等の職員に対する間接支援も含まれている。

(7) 児童虐待の早期発見の努力義務：「学校，児童福祉施設，病院その他児童の福
祉に業務上関係のある団体及び学校の教職員，児童福祉施設の職員，医師，歯科
医師，保健師，助産師，看護師，弁護士その他児童の福祉に職務上関係のある者
は，児童虐待を発見しやすい立場にあることを自覚し，児童虐待の早期発見に努
めなければならない」（児童虐待防止法第5条第1項）。

- 児童虐待に係る通告義務：「要保護児童を発見した者は，これを市町村，都
道府県の設置する福祉事務所若しくは児童相談所又は児童委員を介して市町
村，都道府県の設置する福祉事務所若しくは児童相談所に通告しなければな
らない」（児童福祉法第25条）。「児童虐待を受けたと思われる児童を発見し
た者は，速やかに，これを市町村，都道府県の設置する福祉事務所若しくは
児童相談所又は児童委員を介して市町村，都道府県の設置する福祉事務所若
しくは児童相談所に通告しなければならない」（児童虐待防止法第6条第1
項）

- 要支援児童等の市町村への情報提供の努力義務：「病院，診療所，児童福祉施設，学校その他児童又は妊産婦の医療，福祉又は教育に関する機関及び医師，歯科医師，保健師，助産師，看護師，児童福祉施設の職員，学校の教職員その他児童又は妊産婦の医療，福祉又は教育に関連する職務に従事する者は，要支援児童等と思われる者を把握したときは，当該者の情報をその現在地の市町村に提供するように努めなければならない」（児童福祉法第21条10の5）。
(8) 子どもが1人でも行ける無料または低額の食堂として，小学校区など小地域の公民館や集会所，社会福祉施設等に開設されている。月に1〜2回程度，子どもや地域住民の交流拠点として，地域に開かれているところが多い。

参考文献

入江礼子・小原敏郎・白川佳子『子ども・保護者・学生が共に育つ　保育・子育て支援演習』萌文書林，2017年。

川村隆彦・倉内惠里子『保育者だからできるソーシャルワーク』中央法規出版，2017年。

倉石哲也・伊藤嘉余子監修，倉石哲也・鶴宏史編『保育ソーシャルワーク』ミネルヴァ書房，2019年。

厚生労働省「子育て世代包括支援センター業務ガイドライン」2017年8月。

厚生労働省子ども家庭局「市町村・都道府県における子ども家庭相談体制の整備に関する取組状況について」（社会保障審議会児童部会社会的養育専門委員会　市町村・都道府県における子ども家庭相談支援体制の強化等に向けたワーキンググループ（第5回）資料）2018年12月7日。

厚生労働省雇用均等・児童家庭局長通知「子育て世代包括支援センターの設置運営について」（雇児発0331第5号）2017年3月31日。

厚生労働省編『厚生労働白書 平成29年版』2017年。

厚生労働省『保育所保育指針解説』2018年。

『社会福祉学習双書』編集委員会編『児童家庭福祉論』全国社会福祉協議会，2019年。

中央法規出版編集部編『社会福祉用語辞典』中央法規出版，2012年。

内閣府「子ども・子育て支援新制度について」2019年6月。

長島和代・石丸るみ・前原寛・鈴木彬子・山内陽子『日常の保育を基盤とした子育て支援』萌文書林，2018年。

橋本好市・直島正樹編著『保育実践に求められるソーシャルワーク——子どもと保
　　護者のための相談援助・保育相談支援』ミネルヴァ書房，2012年。
橋本真紀『地域を基盤とした子育て支援の専門的機能』ミネルヴァ書房，2015年。
文部科学省「児童虐待と学校」2006年。
吉田眞里『児童の福祉を支える　子ども家庭支援論』萌文書林，2019年。

―― コラム 6　子育て支援サービス ――

　少子化，子育ての孤立，児童虐待などのさまざまな子育て家庭を取り巻く問題
があるのは，本書で学んだ通りである。では，それらの課題や負担等を少しでも
軽減したり，解決したりするために，どのような子育て支援が有効なのだろうか。
みなさんが，子育てをすることを想定した時，どのようなサービスがあればいい
のか考えてみよう。

　昔といっても1990年代頃だが，「公園デビュー」という言葉が生まれた。公園
デビューとは，保護者，特に母親が，近所の公園に初めて子どもを連れ出して，
そこに集まっている他の親子連れの仲間入りを果たすことである。公園は，転居
等で初めて暮らす地域での子育てのつながりとしてのコミュニケーションの場と
しての役割を果たしていた。しかし，最近公園デビューという言葉を聞かなく
なった。その原因の一つは，スマートフォンだと考えている。スマートフォンが
あれば，すぐに必要なことを調べることができる。ただし，スマートフォンに書
いてある情報が本当に正しいとは限らない。

　時代とともに子育て支援サービスは，多様化していく。これだけ身近になった
スマートフォンを用いて，子育て支援を発信している市町村が近年増えている。
スマートフォンのアプリを使った市町村の独自の取り組みは，公園デビューのよ
うな顔の見える関係ではない。しかし，それがかえって垣根を低くし相談等が容
易になっているようだ。人だけでなく，パソコンやスマートフォン，情報誌など
のさまざまな資源で子育てをサポートしていきたいものである。

　子育てに迷った時，悩んだ時，困った時，その家族が住む市町村が窓口となっ
て提供されるさまざまな子育て支援サービスは，心強い味方となる。あなたが住
む町，あなたが働きたい町には，どのような子育て支援の取り組みがあるだろう
か。一度，子育てをしている保護者の目線に立って調べてみてほしい。

| 第7章 | 保育者による子ども家庭支援の実際 |

--- 学びのポイント ---

　本章では，子ども家庭支援の「理論と実践の結びつき」への理解を促すため，各節の目的（視点）に応じた事例を冒頭で展開している。そして，事例に沿って，理論の展開・分析，考察，支援方法，用語の説明等を行う方法をとっている。これにより，子ども家庭支援を展開する上で保育者が持つべき視点・考え方，支援方法等を学び，保育・福祉現場における支援のあり方について考えてみてほしい。
（編　者）

1　保育所を利用する子どもの家庭への支援

（1）事例の概要

　A市B区に住む橋野かおり（仮名，30歳／以下，母親）は，約半年前に離婚した。その後，契約社員としてMスーパーに勤務しはじめると同時に，娘の咲（仮名，3歳）がB区内のW保育所に通所することになった（3歳児クラス）。しばらくして母親は，仕事や育児に対する悩みと疲れが重なり，精神的に不安定な状態になっていった。Mスーパーの無断欠勤も増え，退職を余儀なくされた。

　このような状況から，咲の生活リズムも乱れ，保育所を休むことが増えていった。通所しても，身だしなみが乱れている，忘れ物がある等といったことが多く，さらには，送迎時間が遅れることも頻繁に見られた。異変に気づいた担任保育者は，母親の気持ちを受け止めながら対応し（場面①），連絡帳等も活用しながら日々の咲の様子を丁寧に伝えるようにした。また，お迎え

の時間を利用して，個別面談も実施した（場面②）。

　個別面談後，担任保育者は主任保育者とともに家庭訪問も実施した。その際，母親から体調が悪く，咲の送迎を続けることが難しいとの申し出があった。担任保育者は，このことを所長や他クラスの保育者に報告し，ケースカンファレンスを行った。その結果，咲が保育所に通えることが大切であると判断し，翌朝から他クラスの保育者も協力して，咲の送迎を行うこととなった。咲が朝食を摂っていない日もあり，担任保育者から調理員におにぎりを作ってもらうよう依頼したこともあった（所長・看護師・栄養士と相談）。

　送迎開始から１週間後の朝，母親が睡眠薬を大量服用して，近隣の病院に緊急搬送されたと地域の民生・児童委員から保育所に連絡が入った。所長と担任保育者がG病院へ向かったところ，しばらく入院治療が必要と診断された。翌日，担任保育者は隣町に住む祖父（母親の実父）に連絡し，今後の対応について話し合った。かつて母親が祖父の反対を押し切って結婚したことから，両者は半ば音信不通状態であったが，祖父は「内心は娘（母親）や孫（咲）のことが心配で仕方ない」と話した。母親の症状が改善するまで咲を自宅で預かりたい気持ちはあるが，仕事や体調等の関係で難しいとのことであった。そこで担任保育者は，所長・主任保育者らと相談し，A市福祉事務所（家庭児童相談室）に連絡した。そこからA市こども相談センター（児童相談所）へとつながり，当面，咲は当センターに付設の一時保護所で過ごすこととなった。

　約１カ月後，母親の状態が落ち着いてきたため（入院中，精神科での治療も開始），咲も自宅へ戻り，保育所への通所を再開した。担任保育者は，経済的安定も重要と考え，母親にB区の保護課（福祉事務所）へ生活保護に関わる相談に行くことを助言した（後日，受給が決定）。同時に，母親が仕事を探していることから，ハローワークへ通ってみてはどうかと情報提供を行った。今回の件を機に，母親と祖父の関係性が徐々に改善しはじめ，祖父が家事や育児を手伝うようになった。それにより，ひとまずは母親が精神的に安定し，

家庭全体の生活状況は落ち着いてきている。

（2）保育所の特性・役割に基づく子ども家庭支援

1）日々の保育と関連した支援

　保育所は，子どもが保護者の送迎により毎日通って長時間過ごす，いわば「第二のわが家」である。子どもや保護者にとって身近な存在であるがゆえに，保育者がいち早くその親子の様子の変化に気づくことができ，この点が保育所の特性・役割の一つといえよう。

　本事例では，担任保育者が咲の欠席の多さや身だしなみの乱れ等，それまでとの異変に気づいたところから支援が始まっている。そして，母親の精神状態等によって咲が保育所に通えなくなると，外部との接点がなくなり，さらに状況を悪化させる可能性があると判断した。そこで，担任保育者が，個別面談や咲の送迎等の支援を実施した。保育者は，日々子どもの保育に携わってその様子を把握しており，保護者とも関わる機会が多い。保育所における子ども家庭支援は，まずは子どもの成長・発達にとって最も大切なこと，すなわち，「子どもの最善の利益」を第1に考え，日々の保育と密接に関連して行うことが求められる。

2）さまざまな手段・機会を活用した支援

　「保育所保育指針解説」（以下，「解説」）に，「子どもの保護者に対する保育に関する指導とは，保護者が支援を求めている子育ての問題や課題に対して，保護者の気持ちを受け止めつつ行われる，子育てに関する相談，助言，行動見本の提示その他の援助業務の総体を指す」（第4章「保育所における保護者に対する子育て支援の原則」）とあるように，保育者の保護者への支援内容は多岐にわたる。また，その際に，日常の保育に関連したさまざまな手段・機会を活用することも重要である（「解説」第4章2（1）ア）。

　本事例の中で，担任保育者は専門職としてのアンテナを張り巡らせて子どもや保護者の変化に気づき，必要に応じてさまざまな支援を行った。保育者

表7-1 保育所における子ども家庭支援の内容及び保護者と関わる手段・機会（例）

子ども家庭支援の内容
○保護者の質問・意見，要望の聞き取り ○保育の内容や方針等の伝達 ○子育て等に関する助言・情報提供 ○子育て等に関する悩みの相談 ○子どもの様子等の情報共有 ○保育所やクラス全体の状況や，保育・行事の予定等の伝達 ○子育て等に関する学習機会の提供　　　　　　　　　　　　　　　　等 ＊必要に応じて，民生委員・児童委員，児童相談所，福祉事務所，医療機関等の関係機関と連携を図りながら，支援を行う。
保護者と関わる手段・機会
【直接的なもの】 保護者の送迎時，保護者会，保育参観・保育参加，個別面談，行事，家庭訪問 【間接的なもの】 連絡帳，保育所（園）通信・クラス通信，おたより，ポートフォリオ　　　　等

は，子どもの保護者にも近い専門職であり，日頃から関わりを持てる多くの手段・機会がある。例えば，本事例にあった保護者の送迎時，連絡帳，個別面談，家庭訪問の他にも，保育参観・保育参加，保護者会，行事等が挙げられる。保育者は，これらの手段・機会を有効に活用しながら保護者に子どもの保育所での様子を伝えたり，家庭での様子を聞いたりする。また，保護者から相談を受け，必要に応じて助言や，地域の社会資源（福祉事務所，医療機関，ハローワーク等）に関わる情報提供等も行うことが求められる（表7-1）。

3）さまざまな専門職による支援

「解説」（第1章1（1）イ）で述べているように，「保育所においては，子どもの健全な心身の発達を図るという目的の下，保育士をはじめ，看護師，調理員，栄養士など，職員がそれぞれの有する専門性を発揮しながら保育に当たっている」。

本事例でも，担任保育者一人だけではなく，所長や主任保育者，他クラスの保育者，さらには，看護師，調理員，栄養士等，他の専門職も含めて保育所全体で連携を図りながら支援を進めた。その一つひとつの積み重ねが，そ

第7章　保育者による子ども家庭支援の実際

の後の母親の精神的安定，生活状況の改善へとつながっていったといえよう。保育所では，保育者を中心に複数の専門職がそれぞれの専門性を発揮しながら，日々の保育や子育て支援に携わっている。各々の保育者が子どもや保護者への共通理解を図り，さまざまな専門的視点に基づく支援を行えるのが保育所の持つ大きな強みであり，保育者をはじめとした専門職はそのことを忘れてはならない。

（3）保育所における関係機関との連携の必要性

昨今の保育所では，子どもとその家庭が抱える問題の複雑化，ニーズの多様化等に伴い，より専門的な対応が必要な場合も多くなっている。このような，保育所（一つの組織）だけで解決が難しいケースでは，関係機関と連携を図った上での支援が求められる。保育所が連携を図る関係機関・施設としては，例えば，民生委員・児童委員，福祉事務所（家庭児童相談室），児童相談所，医療機関，保健センター，小学校，児童発達支援センター，地域子育て支援センター等が挙げられる（第6章参照）。本事例のW保育所でも，以下の機関等との連携による支援が行われた。

1）民生委員・児童委員

民生委員とは，「社会奉仕の精神をもって，常に住民の立場に立つて相談に応じ，及び必要な援助を行い，もつて社会福祉の増進に努めるもの」（民生委員法第1条）で，児童委員も兼務している。その役割は，地域の子ども家庭を見守り，子育てや妊娠中の心配ごと等の相談・支援等を行うことである。「地域の見守り役」というべき存在で，本事例でも母親が近隣の病院に緊急搬送されたことは，地域の民生委員・児童委員から保育所への連絡によって判明した。保育所では対応しきれない部分に対して，その機能が発揮されたわけである。

2）福祉事務所（家庭児童相談室）

福祉事務所とは，福祉六法に定める社会福祉全般の事務を担う行政機関で，

いわば地域住民の「福祉の窓口機関」である。本事例で，担任保育者が母親に生活保護の相談・申請を助言しているが，それに関わる事項を担当する課（「保護課」等の名称／自治体により名称は異なる）等，その他にも複数の部署がある。また，この福祉事務所は家庭児童相談室を設置しているところがあり，子ども家庭に関して，特に専門的技術が必要な業務に対応している。本事例では，母親が入院し，身内である祖父も咲を預かることが困難であった。そのため，保育者から福祉事務所（家庭児童相談室）へ連絡・相談し，A市こども相談センター（児童相談所）へとつながり，咲はセンター付設の一時保護所で過ごすこととなった。

3）児童相談所

　児童相談所は，原則18歳未満の子ども（継続支援が必要な場合は20歳まで等の例外あり）に関する広範囲にわたる専門的な業務を行う行政機関である。法律上の名称は児童相談所であるが，「子ども家庭センター」「こども相談センター」等，住民に親しみやすい名称を付けている地方自治体もある。保護者からの相談を受け付ける相談業務，子どもを施設に預ける入所措置等の他，子どもの安全把握や状況把握のために，子どもを一時的に保護する役割等を担っている。一時保護は，児童相談所に付設の一時保護所で行う場合と，児童養護施設や乳児院等で行う場合がある。本事例は，この一時保護機能を活用したもので，保育所から福祉事務所（家庭児童相談室），さらに「A市こども相談センター」（児童相談所）へと，より適切な専門機関につながったケースといえる。

　このように保育所では，必要に応じて関係機関との連携を図りながら，支援を行うことが求められる。保育所だけでは対応しきれない問題の解決に向けて，より適切な専門性のある機関等につなげ，支援を進めることが有効といえよう。また，福祉事務所や児童相談所等といった専門機関（フォーマルな社会資源）のみならず，場合によっては，地域住民や親戚等（インフォーマ

第7章　保育者による子ども家庭支援の実際

ルな社会資源）とつなげることも重要である。本事例では，咲と母親の危機
的状況に際し，担任保育者が音信不通状態であった祖父に連絡・相談したこ
とが契機となり，母親との関係性改善に結び付いたと考えられる。保育者が
ソーシャルワークの視点・考え方等を踏まえた支援も行うことで，問題の早
期解決や深刻化を防止する等の効果がある（第1・4・5章参照）。

（4）子ども家庭支援で求められる保育者の基本的態度

　ここまで，保育所の特性・役割を活かした支援，関係機関との連携による
支援について述べてきた。では，保育者が保護者と直接関わる（コミュニ
ケーションを図る）上で，どのような基本的態度で臨むことが求められるか。
これについて，「解説」（第4章1（保育所における子育て支援に関する基本的事
項））等を踏まえ，本事例（これに関連した場面①②を含む）と照らし合わせて
示していく。

1）担任保育者が異変に気づいた時──場面①

　本事例では，咲の保育所の欠席が増え，身だしなみの乱れや忘れ物の多さ，
母親の送迎時間の遅れ等が目立つようになっていた。以下は，その異変に気
づいた担任保育者と母親とのある日のやり取りである。

　　ここ数日の母親は表情が暗く，この日も10時過ぎに（規定の時間は9時
　半）咲を保育所に連れてきた。担任保育者は時間の遅れを責めることな
　く，母親に「おはようございます。今日も元気に保育所に来てくれてよ
　かったです」と，いつものように挨拶をした。しかし母親は，小さな声
　で「おはようございます」「（咲に対して）早く準備しておいで」とだけ
　呟いた。以前から咲と母親の異変を感じていた担任保育者は，母親に
　「橋野さん，最近少しお疲れのように見えるのですが，何かありました
　か。よかったら，お話を聞かせていただけませんか」と提案した。
　　しかし，母親が「今は少ししんどいので，どこか別で時間を作っても

135

らうことはできますか」と返答したため，保育者はそれを受け入れた。
保育者が都合を尋ねると，母親は「明日のお迎え，少し早く来るように
します。17時からでもいいですか」との返答があった。担任保育者が
「17時ですね。それでは，職員室の隣に面談室があるので，そこでお話
をしましょうか。そちらへ来ていただいてよろしいですか」と時間と場
所を提示すると，母親は「わかりました」と答えた。

2）個別面談──場面②

場面①での話を受けて，翌日に保育者は母親との個別面談を実施した。母
親は，約束の時間である17時を過ぎての来所（17時20分頃）であったが，何
とか面談を行うことができた。以下，そのやりとりの一部である。

（A）保育者：「橋野さん，今日は時間を作って下さってありがとうござい
　　　　　　ます。最近，少しお疲れの様子が見られたので，お話を伺え
　　　　　　ればと思いまして……。」
（B）母　親：「そうなんです，ちょっと疲れていて……。なかなか思うよ
　　　　　　うに仕事ができず，それに咲もわがままが多くて。」
（C）保育者：「そうだったんですね。気持ちが休まらない中での育児でお
　　　　　　疲れなのですね。」
（D）母　親：「実は，心と体のバランスがとれなくなって，それで生活リ
　　　　　　ズムも乱れて，私がなかなか朝起きられず，夕方も寝ている
　　　　　　ことがあって。」
（E）保育者：「それで，最近の送迎時間が遅くなっていたんですね。橋野
　　　　　　さん，体がしんどい中でも咲ちゃんの送り迎えを頑張ってお
　　　　　　られるのですね。」
（F）母　親：「何とかしなければと思うと，余計に思うように体が動かず，
　　　　　　うまく生活リズムが作れなくて。」

第7章　保育者による子ども家庭支援の実際

（G）保育者：「今は，あまり無理をなさらないで下さいね。送迎について
　　　　　　　も，難しいようであれば，こちらに相談してくださいね。」

（H）母　親：「ありがとうございます。でも，ひとまずはもう少し早くに
　　　　　　　咲の送り迎えができるよう，がんばってみます。無理だと
　　　　　　　思ったら，相談させてもらいますね。先生に話を聞いてもら
　　　　　　　えて，気持ちが少し楽になりました。」

（Ｉ）保育者：「こちらこそ，ありがとうございました。なお，今日のお話
　　　　　　　の内容は，橋野さんに無断で，他の保護者のみなさんへお伝
　　　　　　　えすることはありませんので安心してくださいね。」

　　　　　　　（＊所長や主任保育者等に話をすることは伝えた）

＊このような話が，1時間ほど行われた。担任保育者は，終始母親の気持
　ちを受け止めながら対応した。

3）保育者が留意すべき点

　この場面①②において，保育者は特に下記のような点に留意して母親に対
応した。

　①　受容的態度で接すること

「解説」（第4章1（1）ア）を踏まえると，保育所での子ども家庭支援にお
ける受容とは，不適切と思われる行動等を無条件に肯定することではなく，
そのような行動も，保護者を理解する手がかりになるという姿勢を保ち，援
助（支援）を目的として，敬意をもってより深く保護者を理解することであ
る。場面②における保育者の対応（C）では，母親の仕事や子育てがうまく
進まないことへのしんどさや，悩みを受け止めながら返答しているといえる。
そして，対応（E）においても，体調がすぐれず，生活状況の改善を試みな
がらも中々できないという悪循環に陥っている中での母親の頑張りを認める
言葉がけを行っている。送迎時間や面談時間の遅れを一方的に責めない点と
合わせ，母親を尊重した，ありのままを受け止める受容的態度といえよう。

なお，場面①②のいずれにおいても，担任保育者は母親のことを「お母さん」ではなく，「橋野さん」と呼びかけている。これは，母親に対して，「私たち保育者は子育てのパートナーです」という気持ちを伝え，また「咲ちゃんのお母さん」ではなく，「橋野かおりさんが抱える悩みに向き合います」という意思表示の一つとなり得る。

　個人として尊重し，自分の頑張りを認めてくれる人の存在は，子育て中の保護者にとって大きな支えとなる。保育者はその点を忘れず，受容的態度で保護者と関わることを心がけたいところである。

②　保護者の自己選択・自己決定を尊重すること

　保護者の自己選択・自己決定の尊重は，保育者としての基本原則の一つであり，子ども家庭支援を行う際にも重要となる。場面①において，担任保育者が母親に個別面談の提案を行い，その後，母親の都合に合わせて日時を決めている。母親が保育者と話したくない心境であるにもかかわらず，無理に個別面談を設定・実施することは適切ではない。まずは，母親に面談を行うことは可能かどうかを確認し，その上で母親自身が日時の選択・決定ができるように促す支援が重要といえる。

　また，場面②の担任保育者の対応（G）において，母親の現状を理解し，送迎が困難な場合は申し出てほしいと伝えている。これに対して母親は，もう少し自分で頑張って取り組んでみたいとの思いを伝えている（（H））。担任保育者は，「お母さん，それは無理ですよ」「おそらく難しいと思いますよ」等と否定せず，何とか送迎時間を確保したいという保護者の気持ちに寄り添うことで，保護者の「取り組んでみよう」といった前向きな思いを支え，実行できる契機となるであろう。

　母親の状況を考えると，送迎の継続・時間の改善は困難であると予想され，保育所側が咲の送迎を行うことになった。ただし，このような保護者自身が試行錯誤しながらも前向きに取り組もうとする姿勢は，別の子育て等に関する問題で悩んだ際の一助にもなり得る。保育者が保護者の意思を尊重し支え

ることは，保護者の養育力の向上につながっていくといえよう。

③　プライバシーの保護，守秘義務に配慮すること

保育者が子ども家庭支援を進めるにあたり，子どもや保護者のプライバシーの保護や，知り得た事柄の秘密保持は，遵守することが求められる。その点は，「全国保育士会倫理綱領」（プライバシーの保護）や「解説」（第4章1（2）イ）で述べている通りである。また，児童福祉法でも「保育士は，正当な理由がなく，その業務に関して知り得た人の秘密を漏らしてはならない。保育士でなくなった後においても，同様とする」（第18条の22）と明記しており，同法にはこれに違反した場合の罰則規定もある。

保育所における保育者と保護者との連絡・相談は，常に面談室等で行う必要はなく，送迎時の立ち話や連絡帳等で可能な場合もある。ただし，本事例では，母親の現状と予想される面談内容等から判断し，プライバシーの保護・守秘義務を勘案すべきと考え，面談室で実施した。面談は，他の子どもや保護者のことを気にせずに話し合えるよう，場所の配慮も必要である。そして，保育者の対応（I）にあるように，保育者には守秘義務があることを保護者に伝える行動は，お互いの信頼関係を築く上で重要といえよう。

なお，プライバシーの保護，守秘義務への配慮は，「正当な理由がない場合」という点が関係しており，虐待対応等のように，子どもの最善の利益を考慮し，関係機関との連携が必要な場合は，守秘義務よりも「通告」や「相談」の方が優先される。本事例でも，母親が入院し，咲の世話をする者がいない状況になった際，保育者から他機関である福祉事務所（家庭児童相談室）へ相談という形で支援協力を求めている。これは，子どもや保護者が置かれた現状を踏まえ，それを改善し，子どもと保護者にとってよりよい方向に進むために行った支援と考えられる。

（5）保育者としての子ども家庭支援のあり方

本節で前述してきたように，保育者は，まずは保育所の特性・役割を踏ま

え，「子どもの最善の利益の尊重」を念頭に置きながら，日常の保育と関連した子ども家庭支援を行うことが求められる。そして，保護者の送迎時，保護者会，保育参観・保育参加，個別面談等，「保育所だからこそ可能」という，さまざまな手段・機会を活用しながら保護者と関わり，他の専門職も含めた組織内の職員間連携を図った上での支援が重要となる。

そして，より専門的な対応が必要で，保育所だけでは解決が難しいケースでは，民生委員・児童委員，福祉事務所，児童相談所等の関係機関等と連携した支援が求められる。保育者は，自身の勤務先と連携を図る可能性がある機関・施設の機能・役割について理解し，具体的にどのようなケースで活用できるか等を考えておく必要があろう。

また，保育者が保護者と関わる上で求められる基本的態度（受容的態度，自己選択・自己決定の尊重，プライバシーの保護・守秘義務の尊重）については，ケースワーク（ソーシャルワークの一技法／第4章）において重要とされるバイスティックの7原則（表7-2）とも重なる部分がある。保育者がこの基本原則を念頭に置いた対応を行うことで，本事例のようなケースや，虐待対応等の福祉的ニーズが高い家庭への支援を進める上でより有効となるであろう。昨今の保育所では，福祉的ニーズが高い家庭が増加し，よりきめ細かな個別の対応が求められる傾向にある。そのため，保育者には保育の知識・技術のみならず，必要に応じて，ソーシャルワークに関わる基本的事項（視点・考え方等）を援用した子ども家庭支援の展開が望まれるところである（第1・4章参照）。

なお，本節で挙げたソーシャルワークに関わる基本的事項（視点・考え方等）を援用した支援や，保育者に求められる基本的態度等は，保育所を利用する子どもの家庭への支援のみならず，次節以降のケースにおいても重要なものである。

第7章　保育者による子ども家庭支援の実際

表7-2　バイスティックの7原則

①	個別化の原則	利用者を一人の個人として大切にすること，個性を尊重すること
②	意図的な感情表出の原則	利用者が「良いこと」も「悪いこと」も，自由に感情を表現できるようにすること
③	統制された情緒的関与の原則	支援者が感情をコントロールし，利用者の感情を大切にして関わること
④	受容の原則	利用者をありのままに受け止めること
⑤	非審判的態度の原則	利用者に対して，善悪の判断をしないこと
⑥	自己決定の原則	利用者が，自分自身のことに関して自分で決めること
⑦	秘密保持の原則	利用者に関することを，他に漏らさないこと

出所：石田慎二・山縣文治編著『社会福祉　第5版』ミネルヴァ書房，2017年，152頁を基に筆者作成。

2　地域の子育て家庭への支援

（1）事例の概要

　愛美（仮名，32歳）は夫の転勤により生まれ育ったA県を離れ，知人のいないB県で専業主婦として生活している。転勤から1年後，待望の子どもを授かったものの，夫は残業や出張が多く，子育てはほぼ愛美が一手に引き受けている。慣れない土地での初めての育児に戸惑い，インターネットで育児情報を探してみるものの，サイトによって書かれている内容が異なり，何が正しい育児なのか，かえって悩みが膨らむこともあった。最近は，息子と2人きりで過ごすことが多い毎日に息苦しさを感じることもあり，自分は母親失格なのではないか，他のお母さんはもっと楽しそうに育児をしているのではないかと，思い悩むようになった。

　そのような中，インターネットを通じて近所の保育所が子育て相談や園庭開放を行っていることを知った。興味がわいたものの，もともと人付き合いが苦手な愛美は，相談をしたら自分がダメな母親だと思われるのではないか，

他の親子とトラブルが起きたらかえって面倒ではないかと気になった。そのため，とりあえず保育所の近くを散歩し，外から様子を見てみることにした。すると，園庭にいた保育者が「可愛いお子さんですね。今何カ月ですか」と話しかけてきた。声をかけてもらったことで少しホッとした愛美は，息子についていくつか他愛のない立ち話をした後，思い切って今自分が抱えている悩みを保育者に打ち明けた。それを聞いた保育者は，愛美と息子を保育所に隣接する子育て支援センターに案内し，改めて愛美の悩みに耳を傾けた。愛美が孤立した子育てにストレスを感じていることを察した保育者は，センターは，親子が自由に遊んだり色々な人と出会えたりする場所であること，離乳食講座や育児講座などでさまざまな情報も提供しており，気軽に参加してほしいことを伝えた。子育てに関する相談はもちろん，保育所に通っていない子育て中の親子も支援するために，多くのイベントを行っていることを知った愛美は，一人で悩む必要はないのだと，少し心が軽くなったようである。

（2）地域子育て支援拠点事業

　近年，子どもや子育てを取り巻く地域環境，家庭環境が変容している。例えば，核家族化の進行により，子育てが家庭の中で伝承される機会が減少している。また，近隣とのつながりも希薄化しており，血縁，地縁の両面で身近に相談できる相手がいない状況での子育てを強いられている。少子化が進む現代にあっては，子どもの頃に，きょうだいも少なく近隣でも自分より小さな子どもと接する機会が無いまま親になる場合も多いため，初めての子育てで戸惑いや悩みを抱える保護者も少なくない。加えて，子ども会や学校行事等を通して，子育てをしている仲間と関わる機会のある学童期の保護者とは異なり，乳幼児の保護者の場合，地域とつながる機会や子育て仲間とつながる機会を自然に得ることは難しい。同様に子どもにとっても，気軽に近所で同世代の子どもと遊ぶ機会が得にくくなっている。その結果，事例の愛美

第7章　保育者による子ども家庭支援の実際

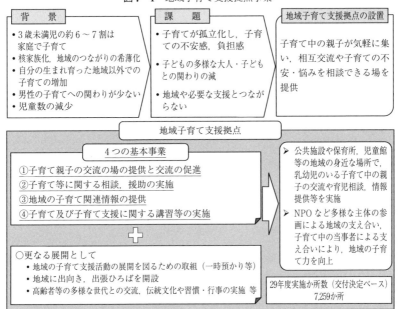

図7-1　地域子育て支援拠点事業

出所：厚生労働省「地域子育て支援拠点事業とは（概要）」2017年、を一部修正。

親子のように、母親と子どもが家庭内で1対1で過ごす時間が増え、子育ての悩みを解消するための方法がわからないまま、孤立してしまう状況が見られる。

こうした子育ての負担感や不安感を解消し、地域のニーズに応じた多様な子育て支援を充実させるため、すべての子育て家庭を対象に「地域子ども・子育て支援事業」が実施されている。「地域子ども・子育て支援事業」では、利用者支援事業、妊婦健康診査、一時預かり事業、延長保育事業等、13の事業が実施されている（第3章参照）。その中で、特に地域の子育て家庭への支援の中核を担うのが、「地域子育て支援拠点事業」である（図7-1）。

「地域子育て支援拠点事業」は、保護者の子育て負担感や不安感、孤立感を解消するため、地域の子育て中の親子が交流する機会を設けたり、育児に

143

図7-2 地域子育て支援拠点事業の概要

	一 般 型	連 携 型
機　能	常設の地域の子育て拠点を設け，地域の子育て支援機能の充実を図る取組を実施	児童館等の児童福祉施設等多様な子育て支援に関する施設に親子が集う場を設け，子育て支援のための取組を実施
実施主体	市町村（特別区を含む） （社会福祉法人，NPO法人，民間事業者等への委託等も可）	
基本事業	①子育て親子の交流の場の提供と交流の促進　②子育て等に関する相談・援助の実施 ③地域の子育て関連情報の提供　④子育て及び子育て支援に関する講習等の実施	
実施形態	①〜④の事業を子育て親子が集い，うち解けた雰囲気の中で語り合い，相互に交流を図る常設の場を設けて実施 ・地域の子育て拠点として地域の子育て支援活動の展開を図るための取組（加算） 　一時預かり事業や放課後児童クラブなど多様な子育て支援活動を拠点施設で一体的に実施し，関係機関等とネットワーク化を図り，よりきめ細かな支援を実施する場合に，「地域子育て支援拠点事業」本体事業に対して，別途加算を行う ・出張ひろばの実施（加算） 　常設の拠点施設を開設している主体が，週1〜2回，1日5時間以上，親子が集う場を常設することが困難な地域に出向き，出張ひろばを開設 ・地域支援の取組の実施（加算）※ ①地域の多様な世代との連携を継続的に実施する取組 ②地域の団体と協働して伝統文化や習慣・行事を実施し，親子の育ちを継続的に支援する取組 ③地域ボランティアの育成，町内会，子育てサークルとの協働による地域団体の活性化等地域の子育て資源の発掘・育成を継続的に行う取組 ④家庭に対して訪問支援等を行うことで地域とのつながりを継続的に持たせる取組 ※利用者支援事業を併せて実施する場合は加算しない	①〜④の事業を児童館等の児童福祉施設等で従事する子育て中の当事者や経験者をスタッフに交えて実施 ・地域の子育て力を高める取組の実施（加算） 　拠点施設における中・高校生や大学生等ボランティアの日常的な受入・養成の実施
従事者	子育て支援に関して意欲があり，子育てに関する知識・経験を有する者（2名以上）	子育て支援に関して意欲があり，子育てに関する知識・経験を有する者（1名以上）に児童福祉施設等の職員が協力して実施
実施場所	公共施設空きスペース，商店街空き店舗，民家，マンション・アパートの一室，保育所，幼稚園，認定こども園等を活用	児童館等の児童福祉施設等
開設日数等	週3〜4日，週5日，週6〜7日／1日5時間以上	週3〜4日，週5〜7日／1日3時間以上

出所：図7-1と同じ。

関するさまざまな相談に応じる事業である。具体的には、『地域子育て支援拠点事業実施要綱』（厚生労働省，2017〔平成29〕年二次改正）において，次の4つの取り組みが基本事業とされている。

　ア　子育て親子の交流の場の提供と交流の促進

　イ　子育て等に関する相談，援助の実施

　ウ　地域の子育て関連情報の提供

　エ　子育て及び子育て支援に関する講習等の実施（月1回以上）

「地域子育て支援拠点事業」は，その機能によって，「一般型」と「連携型」に分けられる（図7-2）。保育所，幼稚園，認定こども園等において実施されているのは，「一般型」の事業に該当する。

（3）保育所における地域子育て支援

1）地域の子育て支援の意義・役割

　2003（平成15）年に児童福祉法が改正された際，児童に対する保育だけでなく，保護者に対して保育に関する指導を行うことも保育士の業務であることが明文化された（児童福祉法第18条の4）。また，「保育所保育指針」が2008（平成20）年に改定された際，保育所が子どもに対する保育だけではなく，保護者やその家庭への支援を行うことが努力義務として記載された。「保育所保育指針」の第4章の「3　地域の保護者等に対する子育て支援」の「（1）地域に開かれた子育て支援」でも，保育所は，地域の実情や各保育所の体制等を踏まえた上で，地域の保護者等に対して保育所保育の専門性を活かした子育て支援を積極的に行うよう努めることとされている。このように，保育所には，保育所へ通所している子どもやその保護者に対する支援だけでなく，地域の子育て家庭すべてを対象に，地域の子育て力を底上げすべく，積極的にその役目を果たすことが求められている。

　また，幼稚園に関しては，同じく「幼稚園教育要領」「第3章　教育課程に係る教育時間の終了後等に行う教育活動などの留意事項」「2」において，

地域における幼児期の教育センターとして幼稚園が果たす役割が記載されている。具体的には，子育て支援のために地域住民にその機能や施設を開放し，幼児期の教育に関する相談に応じることや，情報提供をすること，保護者同士の交流の機会を提供することなどを通し，幼稚園と家庭が一体となって幼児と関わる取り組みを進めることとされている。

　加えて，平成29年告示の「幼保連携型認定こども園教育・保育要領」では「第4章　子育ての支援」が新設され，幼保連携型認定こども園が，子どもの育ちを家庭と連携して支援するとともに，保護者及び地域がもつ子育てを自ら実践する力の向上に資するよう，3つの留意事項が記載されている。その中でも，「第3　地域における子育て家庭の保護者等に対する支援」において，幼保連携型認定こども園が，地域の保護者に対する総合的な子育て支援を推進するため，地域における乳幼児期の教育及び保育の中心的な役割を果たすことが，努力義務として新たに追加された。

　以上のように，育児の孤立化や，子育て力の低下，近隣関係の希薄化など，子育て家庭を取り巻く環境が激変している現状を背景に，住民にとって身近な保育・教育施設である保育所に求められる子育て支援の役割と期待は，広がりを見せている。

　保育所でなくとも，地域には親子が集える育児サークルや子育てサロンがあり，そうした場でも，いわゆるママ友同士が情報交換をしたり，育児に関する悩みを相談しあうことはできる。しかし，そうした集いに保育や教育の専門家が常駐しているとは限らない。事例の母親・愛美のように，自分の息子と比較対象となる子どもが身近におらず，自分の育児が正しいのか否か，悩みを抱えている場合，子育ての先輩による限られた経験論的なアドバイスだけでは，余計に不安をあおることがないとも限らない。子どもの個性や発達はもちろん，その家庭が置かれている状況も人それぞれであり，子育ての仕方は画一的なものではない。だからこそ，さまざまな子どもや保護者，家庭の姿を捉えてきた保育者が，その専門性を活かしながら，その子ども，そ

146

第7章　保育者による子ども家庭支援の実際

の家庭に合った支援を考えていくことに，保育所が行う子育て支援の大きな
意義がある。

２）地域の子育て支援の取り組み

①　保育所の取り組みの事例

実際の保育所における地域子育て支援の取り組みについての例を示してい
く。保育所におけるおおまかな１日の流れは，以下の通りである。

時　　間	保育内容
10：00～11：00	室内開放 or 公開保育
11：00～11：30	自己紹介，親子でふれあい遊び，園からの情報提供，保護者同士の情報交換

B保育所の取り組みの特徴は，月に２回程度，子育て支援の一環として室
内開放（ビルの１フロアを保育所として使用しているため，園庭はない）と公開保
育を交互に実施している点である。

室内開放とは，月齢に応じたクラスで１時間程度，親子で在園児と一緒に
遊びを楽しむことである。その時期の子どもはどんな遊びに興味をもってい
るのか，また，どのようなことを楽しめるのかなど，実際の子どもの姿を目
にすることができる。在宅で子育てをしている保護者にとっては，家庭で経
験できない遊びができること，また，月齢の近い在園児と自身の子どもが関
わる時間が持てること，遊びの中で保育者に気軽に話ができることが貴重な
時間となっている。

公開保育では，親子で参加できるイベントや講演がプレイルームで行われ
る。子どもの医療的な面でのアプローチは看護師が，子どもの発達面でのア
プローチは保育者が行うなど，役割を分担して取り組んでいる。また，その
際に参加した保護者に一人一言ずつ話してもらい，その中で子育てに関する
悩みや疑問が出ることで「同じことで悩んでいるんだ」「こんなほめ方があ

147

るんだ」など，保護者同士で気づき合い，情報共有の場となるように，保育者は心掛けている。

② 情報提供の重要性

この他にも，保育所併設型地域子育て支援センターでは，事例にある保育所が実施していたように，地域の子育て親子が自由に来園し，遊ぶことのできる園庭開放や，栄養士や保健師等の専門家を招いての育児講座や食事（離乳食）講座はもとより，子育てサロンや絵本の貸し出し，一時預かり保育，体験保育等を行っているところもある。

また，事例のように，普段仕事が忙しく，子どもと関わる時間もままならない父親がいることを踏まえ，父親と子どもがふれあう機会を持つことを目的としたイベントを実施している所もある。ただし，最近ではひとり親家庭が増えていることを考慮すると，「父親と子ども」と対象を限定してしまうことは望ましくない場合もある。そうした地域の実情も踏まえながら，子育て支援センターではさまざまな家庭や保護者が参加しやすいような活動となるよう，さまざまな配慮や工夫がなされている。

さらに，情報や選択肢が無いために行き詰まり，事例の母親のように解決の糸口が見出せず，一人で悩みを抱えこむ保護者も少なくない。そのため，サービスやイベントを子育て支援センターで企画したり，来所した保護者の育児相談に応じたりするだけでなく，情報誌やチラシを作成したり，ホームページを通じてセンターの存在や活動を地域に発信したりしていく広報活動も，大事な取り組みの一つである。

最近では，妊娠期から産後の子育てに見通しをもってもらうことや，産後何か困ったことが起きた際，相談できる場所や専門家がいることを知ってもらうために，妊婦を対象とした育児講座を行っている所もある。親子の関係は妊娠期から既に始まっており，産後の育児不安を和らげ，少しでも安心して出産，子育てに向かえるようにするためには，育児がスタートしてからの保護者だけでなく，これから育児に取り組む妊婦に向けた子育て支援もます

ます重要になってくるといえよう。

（4）保育所（保育者）に求められる地域子育て支援力

　保育所等が実施する地域子育て支援は，地域のニーズに基づき展開される。そのため，それぞれの地域の個性や独自性のあるサービスが提供されたり，提供する方法が異なったりすることもある。しかし，いずれの場合においても，子どもや保護者にとって子育て支援センターが安心して通える場所，息抜きができる場所であるという大前提に変わりはない。また，活動に参加することによって不安やストレスを払拭し，子育てが「楽しい」と思ってもらえるような支援を行うことも，大事な共通点である。

　保育所による地域子育て支援を必要とする保護者の中には，事例の母親のように，育児に自信を無くし相談相手を求める一方，相談した結果，自分の悩みを否定されるのではないかと，葛藤や不安を抱えながら来所する保護者もいる。そうした保護者にも安心して不安や悩みを打ち明けてもらうためには，育児に向き合う保護者の頑張りを認め，抱える辛さや大変さに共感し，ありのままの保護者の姿を受容する姿勢が大切である。事例の保育者は，園庭にいたにもかかわらず，散歩をしていた愛美親子に声をかけたところから支援が始まった。不安や葛藤を抱える人の中には，自分から悩みを持ちかけられる保護者ばかりではないため，保育者から何気ないことを話しかけ，保護者が話のきっかけをもちやすいような雰囲気をつくることも大切である。

　本事例の母親が，他の親子とのトラブルを気にかけ，来所を躊躇したように，他の親子と新しい関係性を築くことが苦手な保護者もいる。もし仮に保護者が，そうした理由でストレスを抱えながらも子どもと家で過ごすことを選んだ場合，それが子どもへの不適切な関わりへ発展してしまうきっかけになる可能性がある。

　また，そうした関わりにつながらなかったとしても，保護者が人間関係や活動範囲を狭めてしまうことは，その子どもの生活範囲やさまざまな人に出

会ったり，そこでしか経験できないことにチャレンジしたりする可能性を狭めてしまうことにもなりかねない。そのため，保育所は，支援を望む人が自ら来所するのを待つだけでなく，そうした潜在的なニーズを抱える保護者が地域にいるかもしれないという可能性を視野に入れ，情報発信をしながら時にはアウトリーチしていくことも必要である。また，そうした思いを抱えつつも，子どものために新しい世界へ一歩を踏み出した保護者へは，その勇気や不安に配慮し，保育者が，保護者同士がつながりや関係性をつくれるような，きっかけづくり，橋渡し役をすることも大切である。

　しかし，保育者が保護者の困りごとに何もかも対応することが，本当の意味での支援ではない。子育ての主役は子どもやその保護者であり，生活の舞台は地域の中にある。子どもが成長し，保育所へ相談する年齢でなくなった後も，子育ての悩み事は尽きるとは限らず，成長とともに相談する内容や相談場所も変わってくる。そうした将来を見据え，ゆくゆくは保育者がいなくても，保護者自身で，あるいは保護者同士で地域の社会資源を活用しながら問題を解決できる力を引き出していくことが，地域子育て支援の目指すべき姿の一つである。そうした意欲に結びつけるために，子育て支援センターでの活動を通じ，保護者同士が地域の中で子育て仲間を得たり，地域に存在する子育て資源の情報やその活用方法を理解したりすることが大切である。そして，保護者が安心して子育てを行えるような，子育てに自信や楽しさを見出せるような支援を保育者が行うことで，地域の子育て力の向上につながるといえよう。

（5）地域子育て支援と専門職（関係機関）の役割

　「保育所保育指針」「第4章　子育て支援」のうち，「3　地域の保護者等に対する子育て支援」「（2）地域の関係機関等との連携」に，保育所が市町村の支援を受けながら，地域の関係機関等との積極的な連携，協働を図るとともに，子育て支援に関する地域の人々と積極的に連携を図るよう努めるこ

とが記載されている。また，「幼稚園教育要領」においても，心理や保健の専門家，地域の子育て経験者等と連携・協働しながら地域における教育センターとしての役割を果たすよう配慮することが記載されている。

　このように地域子育て支援を行うにあたり，保育者には保護者同士だけでなく，地域の多様な資源と子育て家庭をつなぐ役割が求められている。なぜなら，事例のように，保護者が抱えている不安や悩みは，子育て支援センターが実施しているサービスですべて対応できるとは限らないからである。例えば，発達の遅れが気になる場合等，その対応により専門性が求められる場合は，地域の発達支援センター等の専門機関と連携を図り，医師や保健師等の然るべき専門家にその保護者をつないでいくことが大切である。加えて，保護者と専門機関をつないでいくためには，地域の子育てに関する社会資源を熟知していることはもちろん，保護者から相談を受けた際，その専門機関へ速やかにつなげることができるように，その専門機関や専門家と普段から顔の見える関係を構築しておくことが必要である。

　また，地域で子育て支援を行っているのは，保育所併設の子育て支援センターだけではなく，幼稚園や認定こども園の他，児童館，児童センター，育児サークルや子育てサロンなど複数存在している。保護者によっては，曜日ごとに異なる場所へ出向き，積極的にさまざまな活動に参加する人もいる。その一方で，子育て支援センター等が実施する講座やサロンのうち，定員制の場合，希望者が多く，残念ながらすべての希望者に参加してもらえない場合もある。地域の子育て家庭の多様なニーズに応えるためには，こうした施設，団体同士が提供しているサービスの内容や実施日を確認しあいながら，それらができるだけ重複することなく，一人でも多くの人が地域のさまざまな活動に参加できるように，互いに連絡や調整をしあうことも必要である。

　このように地域子育て支援を行う保育者には，保育の専門性や相談援助の技術だけでなく，保護者と保護者，保護者と専門機関，専門機関同士をつなぐコーディネーターとしての役割が求められる。そして，これらをうまく

コーディネートするためには，普段から子育て支援に関連する機関等とネットワークを構築しておくことが重要である。さらに，このネットワークの中には，地域のボランティアも含めて考える必要がある。地域住民である地域のボランティアと連携し，その協力を得ることによって，地域住民同士が支援を受ける側とする側になり，相互に助け合いながら子育てを支えていく土壌を築くことにつながる。このことが，子育て家庭が地域で子どもを安心して生み育てられる環境，子どもが保護者以外の地域の大人に見守られながら，健やかに成長できる環境づくりの基となり，地域全体の子育て力の向上に寄与するものと期待できる。

3　障害児のいる家庭への支援

（1）事例の概要

　保育者の真辺ゆり（仮名）は，下山保育所に勤めて2年目となる。真辺が担当する4歳児クラスの本橋直樹（仮名）は，この春に入所して1カ月が経とうとしていた。直樹は，他の子どもたちと遊ぶことがなく，一人で過ごすことが多い。保育室内では，折り紙をずっと触って，ひらひらさせている。外遊びの時には，砂場で一人，ずっと穴を掘り続けている。また保育所の近くを車が通り過ぎると，耳を塞いでうずくまってしまうことが頻繁にあった。

　真辺が直樹を遊びに誘っても，反応がない。クラスの子どもたち全員に話をしていても，直樹はボーっとして聞いていない様子が見られた。真辺はそのような直樹に対してどのように対応すればよいのか困ってしまった。そして，直樹の母親の和子（仮名）はあまり話をしないタイプで，送迎の際に直樹の様子を伝えても，「ああ，そうですか」と言うだけで取り付く島もない。

　その様子をしばらく見守っていた主任保育者の筒見樹里（仮名）は，真辺に「真辺先生，直樹君のことをどう思う？」と声をかけた。真辺は「私の話を全然聞いてくれませんし，他の子どもとも関わらないし，正直やりづらい

子だなと感じています」と思いを打ち明けた。筒見は，「直樹君の状況は，彼のせいではないのよ。私は医師じゃないから断定できないけど，直樹君には発達の課題がありそうだわ」と返答し，一度和子と話をしてみることになった。

そして，真辺は直樹を迎えに来た和子に都合を確認した上で事務室に招き，真辺と筒見は，保育所内での直樹の様子を伝えた。すると和子は「だから何なのよ！ 直樹は人見知りで，内気な子だから，一人遊びが好きなのよ。それに，他の子と遊べないのは，真辺先生が直樹と他の子との仲を上手に取り持てていないからじゃないの！」と激しく怒り出した。

そこで，筒見は「お母さんは，直樹君のことをとても大切に育ててこられたのですね。その様子が感じられます」と話し始めると，和子は「何よ，もちろんよ」と言いながらも少し怒りが収まってきた。筒見は，すかさず「お母さんの直樹君に対する思いは十分に伝わります。丁寧に愛情を注いでこられたのですね。その中で苦労したり，困っていたりしていることはありませんか。お母さんの表情にどこか疲れている様子が見られるのです」と伝えると，和子はしばらく黙った後，神妙な表情で語り始めた。直樹の子育てにはとても手がかかっていたが，夫の圭吾（仮名）は，仕事ばかりでまったく気にかけてくれず，和子は1人で子育てを抱え込んでいたという。また，夫の母（直樹の父方祖母）からは，和子の育て方が悪いため，直樹が他の子どもと関われなかったり，こだわりが強かったりするのだと責められており，そのことを誰にも相談できずに悩んでいたと吐露したのであった。さらに，3歳児健診でも直樹の様子が気になると保健師から指摘されたのだが，受け止めきれずにいることを打ち明けた。

そして，和子は「筒見先生，真辺先生，直樹には障害があるのですか」と尋ねてきた。真辺は「それは，医師でないと診断できませんが，今の直樹君は生きづらさがあるように思います。直樹君にとってどうしてあげることが一番良いのか，これから一緒に考えていきましょう」と返答すると，和子は

安堵の表情を浮かべたのであった。

（2）障害の捉え方の変化――ICIDH から ICF へ

　事例では，真辺が直樹に対して「やりづらい子」だと感じており，対応に
困っていた。それは，直樹がどのような状態であるのかを捉えられないでい
たことも要因の一つである。そのため，ここでは，障害の捉え方について説
明する。

　1980年に WHO（世界保健機構）より，ICIDH（International Classification of
Impairments, Disabilities, and Handicaps；国際障害分類）が示された。当時は画
期的なものであったのだが，社会的不利を分類するという障害のマイナス面
にのみ着目しているといった批判や，一方向のみの捉え方になっているなど
不十分な点があったため，2001年に ICF（International Classification of Func-
tioning, Disability and Health；国際生活機能分類）に改定された。

　ICF（図7-3）は，障害という言葉を使用せず，マイナス面よりもプラス
面を重視する立場から，中立的な用語を用いている。また，①健康状態，②
生活機能，③背景因子，の3段階に分かれているのも特徴である。生活機能
は，「心身機能・身体構造」「活動」「参加」の3要素で構成されている。さ
らに，背景因子は，「環境因子」と「個人因子」から成り立っている。

　この ICF を用いて直樹を捉えると，①健康状態では，発達に何らかの課
題がある。②生活機能の「心身機能」においては，「音に過敏」であり，「活
動」においては，「話が聞けない」点があり，「参加」においては，「他の子
どもと一緒に遊べない」のである。③背景因子の「環境因子」においては，
「道路が保育所の側にある」「担当の保育者の経験が浅い」などが挙げられ，
「個人因子」においては，「一人遊びに夢中になる」などが考えられる。

（3）障害の種類

　日本では，障害は，知的障害，身体障害，精神障害に大きく分類される。

図7-3 ICFについて

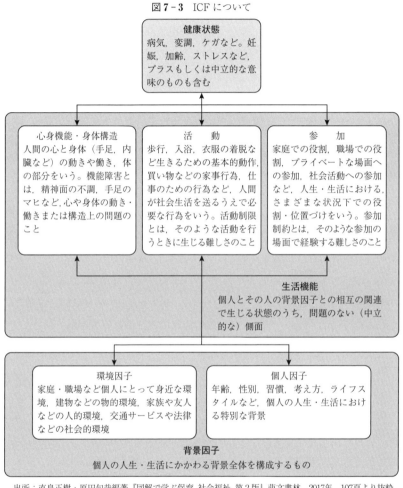

出所：直島正樹・原田旬哉編著『図解で学ぶ保育 社会福祉 第2版』萌文書林，2017年，107頁より抜粋。

1）知的障害

　知的障害は，「知的障害児（者）基礎調査」（厚生労働省）の「用語の解説」において，「知的機能の障害が発達期（おおむね18歳まで）にあらわれ，日常生活に支障が生じているため，何らかの特別の援助を必要とする状態にある

もの」と定義されている。

　また，知的障害児（者）に対して指導・相談を行い，各種の援助措置を受けやすくするために療育手帳制度がある。ただし，この制度は，各都道府県が条例や要綱によって実施する制度のため，各地方自治体によって名称や判定区分などに違いがある。例えば，「みどりの手帳」や「愛の手帳」と呼んでいる所や，重度（A）と軽度（B）に区分している所もあれば，重度（A），中度（B1），軽度（B2）等に区分している所もある。

2）身体障害

　身体障害には，視覚障害（光も感じず全く目が見えない状態や見えづらい状態）や聴覚障害（聞く力が不十分であったり，全く聞こえなかったりする状態），平衡機能の障害（うまく立ったり歩いたり等ができない状態），音声機能・言語機能の障害（声が出せない，うまく話せない等の状態），咀嚼機能の障害（食べ物を嚙むことが難しい等の状態），肢体不自由（肩の関節から手の指先までを示す上肢や股の関節から足先までを示す下肢，内臓を含まない胴体と首を含めた頭部を示す体幹に支障がある状態），心臓・腎臓・呼吸器機能等の内部機能障害がある。

　これら身体障害に関する手帳制度としては，身体障害者手帳があり，障害の状態が重い順から1級から7級まで定められている。

3）精神障害（発達障害）

　精神保健及び精神障害者福祉に関する法律では，精神障害者を「統合失調症，精神作用物質による急性中毒又はその依存症，知的障害，精神病質その他の精神疾患を有する者をいう」と定めている。後述する発達障害は，障害者基本法等の法律上では，この精神障害に含めて考えられている。手帳制度は，精神障害者保健福祉手帳が発行されており，障害程度1級から3級まで定められている。

（4）主な発達障害とその特徴

　主任保育者の筒見は，直樹には発達に課題があると見立てていた。つまり，

第7章　保育者による子ども家庭支援の実際

発達障害の可能性を感じていたわけである。発達障害者支援法では，発達障害を「自閉症，アスペルガー症候群その他の広汎性発達障害，学習障害，注意欠陥多動性障害その他これに類する脳機能の障害であってその症状が通常低年齢において発現するものとして政令で定めるもの」と定義しているが，実際には自閉症とアスペルガー症候群を明確に区別することは難しい。そのようなことを踏まえ，ここでは発達障害について，アメリカ精神医学会発行の『DSM-V（Diagnostic and Statistical Manual-V：精神疾患の診断と分類　第5改訂版）』で使用されている用語を基に説明する。

1）自閉スペクトラム症

特徴としては，①対人的コミュニケーションと相互反応における持続的な欠陥，②行動，興味，活動の限定された反復的な様式に分けられている。

①　対人的コミュニケーションと相互反応における持続的な欠陥

相手の感情や意図，周囲の雰囲気を感じることができない，一方的に話をする，独り言を言う，相手との適切な距離をとれない，表情が乏しく視線が合わない，集団遊びができずに1人でいることが多い，ごっこ遊びが苦手，等の特徴が挙げられる。

②　行動・興味・活動の限定された反復的な様式

エコラリアと呼ばれるオウム返しをする，単純な運動パターンを繰り返す，物の位置が同じ場所になければ強い抵抗を示す，決まった同じ行動の順序・方法に対する固執，他の子どもよりも異常に強い関心・興味を示す，音や臭いにとても敏感である，暑さや寒さに鈍感である，等が挙げられる。

事例において，直樹は集団遊びができず一人遊びをしたり，繰り返し折り紙を触って，ひらひらさせていたりした。また，音に対して過敏で保育所の側を車が通ると耳を塞ぐ行動が見られたりした。これらは，この自閉スペクトラム症の特徴であるといえる。

2）注意欠如・多動症（ADHD）

この注意欠如・多動症（ADHD：Attention-Deficit/Hyperactivity Disorder）の

特徴を大別すると，①不注意，②多動性及び衝動性に分けることができる。

① 不 注 意

　気が散ってしまい注意の持続が困難である，話しかけられても聞いていないように見える，指示に従えない，必要なものをなくしてしまう，1度に複数の処理が困難等が挙げられる。

② 多動性及び衝動性

　じっとしていられない，場所を考えずに走り回ったり，高い所へ上ったりする，席に座っているべき状況なのに席を離れてしまう，しゃべり過ぎる，質問が終わる前に答えてしまう，自分の順番を待てない，等が挙げられる。

　直樹が，話しかけられても聞いていないように見られていた面は，この注意欠如・多動症の不注意の特徴である。

　これら以外にも，発達障害には，読み書きの障害や算数の障害などが含まれる限局性学習症（SLD：Specific Learning Disorder）等がある。

（5）障害児への支援

　ここまで説明してきたように，直樹には発達障害の可能性があると考えられる。ここでは，その発達障害の中でも，自閉スペクトラム症と注意欠如・多動症の子どもへの支援について説明する。

1）自閉スペクトラム症の子どもへの支援

① わかりやすく視覚化する

　幼児期の子どもは言葉が十分に使えないので，目に見える形で視覚化するとわかりやすい。写真や絵カード（ピクトグラム）を用いるのも効果的である。

② 見通しを持てるようにする

　先の予定がわからないと不安になることがある。そのため，事前に次の予定を伝えておくことや，前述の視覚化としての写真や絵カードを用いて，先の予定や順序がわかるようにしておくことで，不安の軽減につながる（時

間・環境の構造化)。

③ 人への関心を高める信頼関係作りを行う

人への関心が薄く，1人で遊ぶことが多いのだが，無理に他の子どもと遊ぶことを強要するのではなく，まずは保育者との信頼関係を築けるように1対1の関わりから始める。その際，子どもが興味や関心のあること，感覚遊び等を通じて遊びの世界を広げていくことも，一つの方法である。保育者との信頼関係が築かれていくことで，他の子どもとの接点を持ちたがる子どもがいれば，保育者が他の子どもに対しての声かけの手本を見せるなどして，関わりを増やしていくようにする。

④ 感覚への配慮を行う

特定の音や臭い，触り心地などを極端に嫌がることがある。その場合は，その音や臭いのしない場所へ移動することや，音や臭い，触り心地を嫌がる物を取り除く等の対応が必要である。決して我慢させる，慣れさせる等の対応はしないように気を付けなければならない。子どもがパニックになった場合には，集団から離し，落ち着ける場所へ移動するか，子どもの安全に気を配りながら側で見守る等の注意をする必要がある。

2）注意欠如・多動症の子どもへの対応

① できたことに対して褒める

注意欠如・多動症の子どもは，どうしても，叱られたり，注意されたりすることが多くなる。そのことによって，自信を失い，自己肯定感が低くなる可能性がある。そのため，指示が聞けたことや，できたことに対してはすぐに褒めることが重要である。その繰り返しにより，頑張ろうというやる気を引き起こすことにつながっていく。また，不注意や多動性・衝動性を起こしにくい環境を工夫して作ることも有効な手段である。

② 刺激に対する環境を整える

さまざまな刺激に対して注意が向いてしまいがちなため，例えば，人が通ったり，何かと目に留まったりしやすい廊下側や窓側等の場所は避けるよ

159

うにすることや，室内の壁の絵や玩具などが目に入らないようにする等，可能な範囲で静穏な環境を整える。

③　わかりやすく端的に伝える

話に夢中になり過ぎていたり，集中力が持続できなかったり，不注意等のために指示が聞けないことがある。また，短期記憶力が弱いために，指示の内容が理解できないことがある。この時に，集団に対して声をかけていたのであれば，その子どもの側に行き，目を合わせて指示を出したり，肩に手を当てて伝えたりする。または，わかりやすい言葉に言い換えて短文で説明することが効果的である。具体的な言葉で短く端的に伝えることも重要である。決して叱責することがないように，保育者が余裕のある態度を心掛けなければならない。

（6）障害児のいる保護者への支援

1）障害児のいる保護者に対する理解

障害児のいる保護者は，すでに医師による診断を受け，子どもの障害を受容して育てている場合もあれば，子どもの障害にまったく何も気づいていない場合や，何となく気づいてはいるが認めたくない，受け入れられない場合などさまざまである。

また，妊娠期から自分の子どもに障害があることを認めている保護者もいれば，まったく想像もしていない中で，出生後に気づく保護者もいる。そのような中で，子どもに障害があることに対して自分を責めて苦しんでいる保護者がいたりする。どのような状況であれ，多くの人にとって自分の子どもに障害があることを受け入れるのは，決して容易ではない。保育者は，まずそのような保護者の心境を理解することから始めなければならない。

そして，保育者は保護者に子どもの障害についてどのように伝えるか方法を検討する必要がある。特に子どもに障害のある可能性があり，まだ診断を受けていない場合には，保護者に対して直接「障害」という言葉を使うより

も，子ども自身が困っていることを伝えたり，逆に保護者が困っていたりすることを聞き出したりする方が，話をしやすくなる。また，できる限り時間をかけて話し合いをしていく方が，保護者にとっては，子どもの障害を受け止めやすくなるだろう。

2）保護者への支援を行うために

① 保育者自身の障害に対する理解

保護者へ支援を行う保育者が障害について理解していなければ，保護者を支えることは困難である。保育所（園）内研修や外部研修等の自己研鑽を重ね，学んでおくことは欠かせない。

② 保護者の状況を理解し，受け止める

保護者がどのような状況に置かれ，どのようなことに苦慮，困惑しているのか等を理解し，その状況を受け止めることで，受け入れられていると保護者は感じる。バイスティックの7原則（表7-2，141頁）を基本として，傾聴や受容の態度をもって接していくことが効果的である。

③ 職員間の連携，現場での対応

保護者への支援についても，職員間での情報共有や現場での見解の一致が必要である。職員によって保護者に対する助言や説明が違っていては，保護者が混乱してしまうからである。保護者に対して，保育所内でどのように子どもへの支援をしていくのかを説明することができるようにしておく。

④ 他の保護者への説明・対応

障害児のいる保護者は，自分の子どもが他の子どもとトラブルにならないか等の心配をしてしまう。そのため，他の保護者に対して，理解を得られるような取り組みが保育所には求められる。

⑤ 関係機関や専門職との連携

保育所だけで保護者への支援はできない。保健センターや療育センター，病院，臨床心理士等，さまざまな関係機関や専門職との連携を行う中で，必要に応じて保護者に紹介する等の対応をしなければならない。

3）家族関係を総合的に捉えた支援

本事例において，担任保育者の真辺は直樹の障害の可能性に気がついていなかったが，主任保育者の筒見の助言によって気づくことができた。これは職員間の連携である。そして，和子に対する面接では，筒見が上手く和子の気持ちに共感し，傾聴の姿勢を示すことによって，和子の怒りを沈め，思いを引き出すことができた。真辺が和子と一緒に直樹のことを考えていこうと促したことも，寄り添う姿勢を見せて和子を安心させる効果があったといえる。

また，和子は直樹に何らかの障害がある可能性に気づいていたものの，受け入れることができなかった。それは，夫の母から，直樹の行動特性は和子の育て方が原因だと責められていたからである。このような場合には，医師による診断を受けることによって，直樹の行動特性は育て方に原因があるのではなく，障害によるものであることを明らかにできるのである。そのため，安易に医師の診断を勧めることは好ましくないが，このように，子どもの行動特性の原因がわからず苦しんでいる保護者が多いため，医師による診断を受けることにより原因を明らかにすることを勧めるのも支援の一つである。

さらに，家族の理解や協力を得られるように支援することも重要である。夫は子育てに関心を示しておらず，和子が一人で直樹の子育てを抱え込んでいたため，場合によってはストレスによって虐待等の不適切な関わりにつながる恐れがある。できる限り，夫やその母に理解を求め，子育てに協力を得られるように努めることも検討しなければならない。

以上を踏まえ，保育者は障害児や家庭（保護者）への支援を行っていくのである。

4　子どもの虐待問題を抱えた家庭への支援

（1）事例の概要

のりお（仮名，4歳）の出産時，母親ののぞみ（33歳）は，大量出血して一

時的に体調を崩したが，父親が無職であったため，収入減を心配し，育休を
とらずに仕事に復帰した。その後父親は仕事を見つけ働き始めたが，元来か
ら散財する傾向があり，２年後に次男・あきら（仮名，２歳）を出産した後は，
ますます育児や家計の負担が母親にのしかかった。父親はまた衝動的で攻撃
性があり，家庭内で苛立ちが募るとベビーベッドなど身近な物を殴り壊す暴
力行為が見られた。その度に子ども達は泣き，母親への依存を深め，父親に
寄りつかなくなって行った。のりおが４歳，あきらが２歳のある日，子ども
たちの面前で，その攻撃が物ではなく母親へ，暴言・暴力として向けられ始
めた（面前 DV）。

　のりおは，母親を守ろうと泣きながら父親に立ち向かったが，あきらは恐
怖でただ泣く事しかできなかった。この頃からあきらは，大人が出す大きな
声に過敏に反応し，泣き出すようになった。のりおは家庭内で母親の姿が少
しでも見えなくなると極度に不安になるなど，精神的に不安定な様子が見え
始めた。状況の深刻さを感じた母親は離婚を決意し，数か月に及ぶ協議の末
離婚が成立した。その間，母親は，子ども達が通う保育所の担任に家庭の状
況を伝え，保育所での子ども達の様子の見守りや，離婚後の子ども達の環境
の変化への配慮について，協力を依頼してきた。

　父親の社交的な一面しか知らない担任保育者が，家庭の内情を十分理解し
ないまま離婚を思いとどまるよう母親に提案したため，母親は保育所に拒否
的な態度を示すようになった。一連のやり取りについて報告を受けた所長が，
主観により軽率な発言をした担任の対応を詫び，母親との信頼関係の回復に
努めた。その結果，母親の保育所への態度も軟化させ，子どもが安心した生
活を取り戻せるよう，家庭と保育所との協力が図られることとなった。

（2）児童虐待の定義

　児童虐待とは，具体的に，「児童虐待の防止等に関する法律」（以下，児童
虐待防止法）の第２条において，保護者（親権を行う者，未成年後見人その他の

者で，児童を現に監護する者）がその監護する児童（18歳に満たない者）に対して行う身体的虐待，性的虐待，ネグレクト（保護の怠慢・拒否），心理的虐待の4種類の行為をいう。なお，この場合の保護者には，法律上親子関係のない同居人（いわゆる内縁関係にある者など）についても，子どもを監督保護していれば保護者に含まれる場合がある。

1）身体的虐待

身体的虐待とは，子どもの身体に外傷が生じ，または生じる恐れのある暴行を加えることをいう。具体的には，打撲傷，あざ（内出血），骨折，たばこの火を押しつけてやけどを負わせる等の外傷や，首を絞める，殴る，蹴る，激しく揺さぶる，冬に戸外に閉め出すなどの暴行のほか，意図的に子どもを病気にさせることも含まれる。身体的虐待は，第三者が異変に気づきやすく，また，医療機関や警察等において発覚するケースも少なくないが，洋服などに隠れ見えない部分に意図的に暴行を加えるようなケースもある。そのため，保育者は，おむつ交換や着替えの際に，普段見えない部分にも注意することが必要である。

2）性的虐待

性的虐待とは，子どもにわいせつな行為をすること，またはわいせつな行為をさせることをいう。具体的には，子どもへの性交，子どもの性器を触ったり子どもに性器を触らせるなどの性的行為（いずれも教唆を含む）や，子どもに性器や性交を見せること，子どもをポルノグラフィーの被写体などにすることが含まれる。性的虐待は，被害にあっている子どもの年齢が低いほどその行為を性的虐待だと認識しづらい。また，加害者から脅されたり，恐怖心や羞恥心をはじめさまざまな心の傷を受けたりしたことにより，第三者へその被害を相談することがためらわれ，虐待が顕在化しにくいという難しさがある。

3）ネグレクト（保護の怠慢・拒否）

ネグレクトとは，子どもの心身の正常な発達を妨げるような著しい減食，

または長時間の放置，保護者としての監護を著しく怠ることをいう。具体的には，重大な病気になっても病院に連れて行かない，乳幼児を自動車の中に放置する，子どもの意思に反して学校等に登校させない，適切な食事を与えない，極端に不潔な環境で生活させるなどが挙げられる。また，保護者以外の同居人や自宅に出入りする第三者が虐待（身体的虐待，性的虐待，心理的虐待と同様の行為）を行っているにもかかわらず，それを止めることなく放置する行為も，ネグレクトに含まれる。

4）心理的虐待

　心理的虐待とは，児童に対する著しい暴言，または著しく拒絶的な対応，児童が同居する家庭における配偶者に対する暴力，その他の児童に著しい心理的外傷を与える言動を指す。具体的には，言葉による脅迫，子どもを無視したり，子どもの心を傷つけたりすることを繰り返し言うこと，他のきょうだいに比べ著しく差別的な扱いをすること等が含まれる。2004（平成16）年の「児童虐待防止法」改正により，子どもの面前で配偶者に暴力をふるったり，暴言を浴びせたりする面前 DV が，新たに心理的虐待に加えられた。すなわち，事例の父親がのりおやあきらの目の前で母親に暴力を振るった行為は，心理的虐待に該当する。

（3）児童虐待の現状

　第2章でも前述したように，児童虐待の相談，通告窓口の一つとなっている児童相談所での児童虐待相談対応件数は増加の一途をたどり，2017（平成29）年度は過去最多の13万3,778件となり，虐待相談の内容別件数では，近年，心理的虐待が最も多い傾向が続いている（図7-4）。心理的虐待が増加した要因について，厚生労働省は，面前 DV について警察からの通告が増加したためと分析している。また，2015（平成27）年7月に児童相談所全国共通ダイヤルを3桁の番号（「189」いちはやく）に変更，運用が開始され，翌年4月にはガイダンスを短縮し，よりスムーズにつながりやすくする等の改

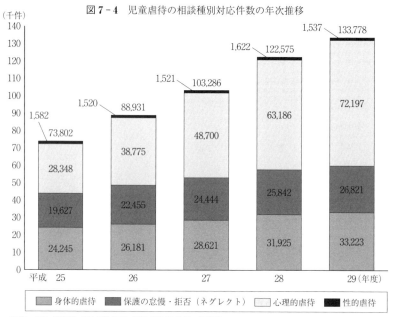

図7-4 児童虐待の相談種別対応件数の年次推移

出所：厚生労働省「平成29年度 福祉行政報告例の概況」。

善がなされた。これらに係る広報や，マスコミ報道等により，社会における子ども虐待への意識が高まったことに伴う通告の増加も，対応件数が増加した一因であると厚生労働省は捉えている。主な虐待の加害者の割合では，実父の割合が増加傾向にあるものの，以前として実母の割合が最も多い。被虐待児の年齢は7～12歳が最も多いが（33.3%），次いで3～6歳（25.5%），0～2歳（20.2%）となっており，小学校入学前の子ども（0～6歳）の虐待相談が4割を超える傾向が近年続いている。

こうした相談が多く寄せられる一方で，虐待により幼い命が失われる事件が後を絶たない。「子ども虐待による死亡事例等の検証結果等について」（厚生労働省，2017年）によると，2015（平成27）年度に発生または表面化した子ども虐待による死亡事例は72例（84人）であった。そのうち，心中以外の虐待死（48例・52人）では，死亡した子どもの年齢は，0歳が30人（57.7%）と

第7章　保育者による子ども家庭支援の実際

最も多く，特に，0歳のうち月齢が0カ月の乳児が13人（43.4%）と最も高い割合を示した。虐待の種類では，身体的虐待が35人（67.3%），ネグレクトが12人（23.1%）で，主たる加害者は実母が最多で26人（50.0%），次いで実父が12人（23.1%）となっている。加害の動機（複数回答）では，「保護を怠ったことによる死亡」が最も多く（6人，11.5%），次いで「しつけのつもり」「子どもの存在の拒否・否定」「泣き止まないことにいらだったため」（5人，9.6%）であった。

　なお，「しつけのつもり」による児童虐待を抑止すべく，2016（平成28）年の「児童虐待防止法」改正により，親権を行う者が児童のしつけに際して，監護及び教育に必要な範囲を超えて当該児童を懲戒してはならないことが，新たに規定された（同法第14条）。

（4）児童虐待の発生リスク

　児童虐待が起こる原因として，「健やか親子21検討会報告書」（2000〔平成12〕年11月）では，①多くの親は子ども時代に大人から愛情を受けていなかったこと，②生活にストレス（経済不安や夫婦不和や育児負担など）が積み重なって危機的状況にあること，③社会的に孤立化し，援助者がいないこと，④親にとって意に沿わない子（望まぬ妊娠・愛着形成阻害・育てにくい子など）であること，の4つの要素が揃っている点を指摘している。これを踏まえ，「子ども虐待対応の手引き」（厚生労働省，2013年8月改正）では，児童虐待は，身体的，精神的，社会的，経済的等の要因が複雑に絡み合って起こるとし，児童虐待の発生要因を4つの視点からまとめている（表7-3）。

　妊娠すると，妊婦は市町村長に妊娠の届出をし母子健康手帳の交付を受ける。これらの手続きは，出産に向け母体と胎児の健康や生活に意識を向けるきっかけとなるとともに，子育て家庭が行政機関や専門家とつながる最初の一歩であるといえる。しかし，予期せぬ妊娠で親になる現実を受け入れられない場合や，子どもへの愛情や親としての自覚が乏しい場合，こうした手続

表 7-3 虐待に至る恐れのある要因，虐待のリスクとして留意すべき点

1. 保護者側のリスク要因
- 妊娠そのものを受容することが困難（望まない妊娠）
- 若年の妊娠
- 子どもへの愛着形成が十分に行われていない（妊娠中に早産等何らかの問題が発生したことで胎児への受容に影響がある。子どもの長期入院など）
- マタニティーブルーズや産後うつ病等精神的に不安定な状況
- 性格が攻撃的・衝動的，あるいはパーソナリティの障害
- 精神障害，知的障害，慢性疾患，アルコール依存，薬物依存等
- 保護者の被虐待経験
- 育児に対する不安（保護者が未熟等），育児の知識や技術の不足
- 体罰容認などの暴力への親和性
- 特異な育児観，脅迫的な育児，子どもの発達を無視した過度な要求　　等

2. 子ども側のリスク要因
- 乳児期の子ども
- 未熟児
- 障害児
- 多胎児
- 保護者にとって何らかの育てにくさを持っている子ども　　等

3. 養育環境のリスク要因
- 経済的に不安定な家庭
- 親族や地域社会から孤立した家庭
- 未婚を含むひとり親家庭
- 内縁者や同居人がいる家庭
- 子連れの再婚家庭
- 転居を繰り返す家庭
- 保護者の不安定な就労や転職の繰り返し
- 夫婦間不和，配偶者からの暴力（DV）等不安定な状況にある家庭　　等

4. その他虐待のリスクが高いと想定される場合
- 妊娠の届け出が遅い，母子健康手帳未交付，妊婦健康診査未受診，乳幼児健康診査未受診
- 飛び込み出産，医師や助産師の立ち合いがない自宅等での分娩
- きょうだいへの虐待歴
- 関係機関からの支援の拒否　　等

出所：厚生労働省「子ども虐待対応の手引き」（2013年 8 月改正），29頁。

きや妊婦健康診査の受診を怠ることがある。その結果，生まれたわが子に対して愛情を持って関わることができないだけでなく，妊娠期に専門機関と関わる機会がなかったために，出産後も，子育てに関する悩み事の相談先がわ

第7章　保育者による子ども家庭支援の実際

からず負担感やストレスが増し，虐待につながる危険性がある。このように，虐待の発生リスクは，子どもが生まれる前から潜んでいることに注意が必要である。また，保護者自身が精神的に未熟である場合や，子どもの発達について大きな捉え違いをしている場合，年齢に合わない無理な要求や育児観を子どもに押し付け，その通りにできないと苛立ちが募り虐待に至るケースもある。

　他方，子ども側のリスク要因としては，乳児期の子どもや，未熟児，障害児がいることによる，育児に関する不安，先の見通しが見えない不安等，保護者にとって心身両面における負担が大きい場合が挙げられる。昨今では，インターネットの普及により気軽に育児情報を入手しやすい時代になったが，氾濫しているがゆえに誤った情報に惑わされたり，不安をあおられ必要以上に育児不安に陥ったりしてしまう場合もある。気軽に情報が入手できる時代となったがゆえに，保護者が正しい情報を得られるよう，保育者のサポートや注意が必要である。

　養育環境のリスク要因としては，経済状況，家庭内の人間関係，生活拠点などが不安定で，子どもの養育がおろそかになる，あるいはそうした不安定さからくる保護者のストレスが子どもに向けられてしまうケースが考えられる。本事例においても，父親に見られるリスク要因（衝動的で攻撃性がある）に加え，経済的な問題（無職の父親が職を得た後も経済的に不安定），母親への育児過多からくる夫婦不和など，さまざまな問題が重なっている。暴力が直接子どもに身体的虐待として向けられることはなかったが，ストレスのはけ口が母親に向き，結果的に心理的暴力という虐待行為につながっている。こうした生活上の問題を抱えている家庭の場合，地域との関わりが希薄となり周囲が状況の悪化に気づきにくい。しかし，こうした生活上の問題は，ごく一部の家庭にしか見られない特異なことではなく，むしろどの家庭にも発生するリスクが潜んでいる可能性があることを，理解しておく必要がある。

169

（5）子どもの育ちへの影響

　虐待を受けることにより，子どもは心身ともに深刻な影響を受ける（表7-4）。虐待の内容やその期間などにより，子どもへの影響や程度に違いはあるが，いずれの場合においても子どもの正常な発達が心身ともに阻害されるだけでなく，適切な時期に適切な支援がなされない場合，子どもの将来に至るまで大きな傷跡を残すこととなる。例えば，自分も幼少期に虐待を受けて育った場合，虐待をしてしまいそうで怖い，あるいは子どもを育てる自信を持てない等の理由から，結婚や子どもを持つことに躊躇してしまうことがある。また，その傷がいえないまま子どもを授かった場合，子どもとの関わり方や愛情表現の仕方がわからず悩み，悪いことだと自覚をしていながらも感情のコントロールに苦慮し，我が子に虐待をしてしまうなど，虐待の世代間連鎖に苦しむケースもある。

　本事例において，のりおとあきらが面前 DV を経験したのは幼少期であり，目の前で起こったその記憶が薄れる可能性はある。しかし，あきらのように，日常生活の中で見知らぬ大人が発する大声にすら敏感に反応し，無意識に不安があおられるという心の反応は，簡単に拭い去れるものではない。こうした生活上の不安から，学習に集中できずに成績不振につながったり，対人関係がうまくいかなくなったり，さらには，集団生活に支障をきたすことも考えられる。

　虐待によって命が奪われることはもとより，保護者から適切な養育や十分な愛情を受けられなかったり，恐怖体験を植えつけられたりする。そのために，子どもの権利が脅かされ，学習の遅れや障害，対人関係における問題行動が引き起こされた結果，チャンスや可能性が奪われ，子ども時代だけでなく大人になってからも悪影響が出ることさえある。これらはすべて，子どもの意思に基づく選択ではなく，むしろ子どもの意に反して大人によってもたらされた事実による，大きな代償である。

第7章　保育者による子ども家庭支援の実際

表7-4　虐待による子どもへの影響

1.　身体的影響
- 打撲，切創，熱傷など外から見てわかる傷，骨折，鼓膜穿孔，頭蓋内出血などの外から見えない傷，栄養障害や体重増加不良，低身長などが見られる。
- 愛情不足により成長ホルモンが抑えられた結果，成長不全を呈することもある。

2.　知的発達面への影響
- 安心できない環境で生活することにより，落ち着いて学習に向かうことができなかったり，ネグレクトの状態で養育されることで，学校への登校もままならない場合がある。そのために，もともとの能力に比しても知的な発達が十分に得られないことがある。
- 虐待する養育者は子どもの知的発達にとって必要なやりとりを行わなかったり，逆に年齢や発達レベルにそぐわない過大な要求をする場合があり，その結果として子どもの知的発達を阻害してしまうことがある。

3.　心理的影響
ア．対人関係の阻害
- 子どもにとって最も安心を与えられる存在であるはずの保護者から虐待を受けることにより，子どもは欲求を適切に満たされることのない状態となる。そのために子どもは，愛着対象（保護者）との基本的な信頼関係を構築することができなくなり，結果として他人を信頼し愛着関係を形成することが困難となり対人関係に問題を生じることがある。
- 例えば，対人的に不安定な愛着関係となって両価的な矛盾した態度をとったり，無差別的に薄い愛着行動を示す場合がある。また，保護者以外の大人との間に，虐待的な人間関係を反復する傾向を示すこともある。
イ．低い自己評価
- 自分が悪いから虐待されるのだと思ったり，自分は愛情を受けるに値する存在ではないと感じるため，自己に対する評価が低下し，自己肯定感を持てない状態となることがある。
ウ．行動コントロールの問題
- 保護者から暴力を受けたことにより，暴力で問題を解決することを学習し，粗暴な行動をとるようになる。攻撃的・衝動的な行動をとったり，欲求のまま行動する場合がある。
エ．多動
- 刺激に対して過敏になり，落ち着きのない行動をとるようになる。ADHDに似た症状を示すため，その識別が必要となる場合がある。
オ．心的外傷後ストレス障害（PTSD）
- トラウマが適切な治療を受けないまま放置されると，将来にわたってPTSDとして残り，思春期等に至って問題行動として出現する場合がある。
カ．偽成熟性
- 大人の顔色を見ながら生活することから，大人の欲求にしたがって先取りした行動をとるような場合がある。さらには精神的に不安定な保護者に代わって，大人としての役割分担を果たさなければならないようなこともあり，ある面では大人びた行動をとることもある。一見よくできた子どもに思える一方で，思春期等に問題を表出してくることもある。
キ．精神的な症状
- 反復性のトラウマにより，精神的に病的な症状を呈することがある。例えば，記憶障害や意識がもうろうとした状態，離人感等が見られることがあり，さらには強い防衛機制としての解離が発現し，まれには解離性同一性障害に発展する場合もある。

出所：厚生労働省「子ども虐待対応の手引き」（2013年8月改正）を筆者改変。

（6）児童虐待の防止に向けて

1）児童虐待への対応

　児童虐待では，早期発見，早期対応，並びに迅速な安全確保が重要視されている。児童の福祉に業務上関係のある団体（学校・児童福祉施設・病院等）や関係のある者（学校の教職員・児童福祉施設の職員・医師・保健師・看護師・弁護士等）は，児童虐待を発見しやすい立場にあるため，児童虐待の早期発見に努めなければならない。また，児童虐待を受けたと思われる児童を発見した者は，速やかに，これを市町村・都道府県の設置する福祉事務所もしくは児童相談所または児童委員を通して，市町村，都道府県の設置する福祉事務所若しくは児童相談所に通告しなければならない。

　通告を受理した後，関係者等から必要な情報収集を行うとともに，速やかに子どもの安全確保を行う。そのうち，緊急性や要保護性が高く専門的知識や技術が必要なケースについては，児童相談所に送致し，調査により得られた情報や児童相談所における診断に基づき，総合的な判定を行い，在宅指導等の他，必要に応じ，児童福祉施設（乳児院・児童養護施設・児童自立支援施設等）への入所措置や，里親委託等の処遇方針を決定する。

　昨今では，不適切な養育を行っていても，親権をもつ保護者である以上，その意に反して児童相談所が踏み入ることのできなかった立ち入り調査などについて，子どもの命や最善の利益を守る観点から，児童相談所の権限が強化されている。また，一時的に家庭から子どもを離す必要があると児童相談所長が認める場合には，保護者や子ども本人の同意なしに一時保護を行うことができる。さらに，保護者に児童を監護させることが著しく児童の福祉を害する状態であるにもかかわらず，保護者が施設入所等に同意しない場合，家庭裁判所の承認を得た上で施設入所措置を行うことができる。

　さらに児童相談所は，さまざまな関係機関と協働・連携し，児童虐待の予防から発見，介入に至るまで，迅速かつ的確な対応に努めている。その関係機関の一つである要保護児童対策地域協議会は，地域の要保護児童を早期に

発見し，適切な保護や支援を図るため，関係機関が情報や考え方を共有し協議するネットワーク機関である。要保護児童対策地域協議会は，市町村，児童相談所，保育所，学校・教育機関，医療機関，警察，弁護士会などさまざまな機関，専門家によって構成されている。これらの構成員が同一の認識の下に連携し役割分担をしながら，一貫性のある支援の提供を図っている。

2）保育者に求められる支援

核家族化や地域のつながりの希薄化により，孤立した状態で子育てをしている家庭が増えている中，本事例の母親のように，一方の親に子育ての負担が偏り，心身の疲労やストレスを抱え，家庭内でさらに孤立している場合も少なくない。そうしたストレスからつい感情的に子どもを叱ってしまったり，子育てに自信が持てず気持ちが沈んだりして，子育てに向き合えないといった傾向は，特定の家庭，保護者にだけ見られることではない。そのため，虐待あるいは虐待かどうかのグレーゾーンであるマルトリートメントは，いずれの家庭でも起こり得るという認識を，保育者は忘れてはならない。

また，日々子どもや保護者と直接関わる保育者には，予防的観点から，子どもやその家庭のちょっとした変化に気づく観察力や洞察力が求められる。本事例においては，担任保育者と母親との関係がこじれた後，所長へ相談がもちかけられたが，担任保育者だけで問題を抱え込まず，所長（園長）や主任保育者を含め保育所全体で連携をとりながら，子どもや保護者を見守り，支援することが必要である。それにより，職員の誰かが親子の変化に気づきやすくなり，保護者にとっても，担任保育者に限らず相談しやすい職員がいることで，状況の悪化を未然に防ぐことにつながる。さらに，こうした職場内連携だけでは解決が難しいケースの場合，適切な専門家や専門機関を紹介し，支援につなげる仲介役を担うことも重要である。

保護者が虐待に至る理由や，その自覚の有無はさまざまであるが，いずれにおいても，保育者からの一方的な指示的，指導的態度は，保護者から拒否されたり，あるいは逆に保護者をさらに追い込んだりすることにもなりかね

ない。本事例では，父親の家庭における粗暴な一面を知らない保育者が，家族の状況や立場，心情を十分理解しようとしないまま，母親に不用意かつ主観的な発言をしてしまった。これでは信頼関係を築けないばかりか，虐待に苦しむ親子をますます孤立させる恐れもあり，状況の改善にはつながらない。そのため，保育者は個人の考えや価値観を押し付けるのではなく，保護者自身が育ってきた生活背景を含め，さまざまな家族の形や価値観が存在することを客観的に捉えた上で，それぞれの家庭の個別性を尊重しながら，保護者の話を十分に傾聴し，思いをありのまま受け入れる（受容する）ところから支援をスタートさせなければならない。また，トラブルが発見されてから保護者との関係づくりをしていたのでは，迅速な対応に結びつかない。そのため，保護者の悩み事が深刻化する前に，普段から保護者と何気ない会話を交わすことを積み重ね，日々の関わりを通して，気軽に保育者に相談ができ，保育者からの言葉を保護者が抵抗なく受け止められるような信頼関係を構築しておくことが重要である。

　虐待と思われる行為を受けている子どもは，本事例の2人に見られるような不安定さとはまた別に，乱暴な言動が見られたり，他児とトラブルになりやすかったりといった「ちょっと困った子」としての様子が見られる場合もある。しかし，そうした場合も，まずは普段と異なる子どもの様子が見られたことに疑問をもち，子どもの言動を叱るだけでなく，問題の背景を捉え，子どもが置かれている状況や気持ちに配慮し関わることが重要である。家庭から離れ，保育所や幼稚園が子どもにとって安心して素の自分で過ごせる空間となること，また，子どもが保育者を信頼し本音を伝えられるような関係構築を目指し，日々温かな関わりを積み重ねる必要がある。

5 ひとり親家庭・ステップファミリーへの支援

（1）事例の概要

　あきのり（仮名，5歳）が生後10カ月の頃，父親の暴力が原因で両親が離婚した。自分が夫の暴力に耐えかねたせいで母子家庭となってしまったことに負い目を感じた母親（28歳）は，保育所の延長保育や休日保育を利用しながら懸命に働いた。多忙と疲労のせいで，あきのりとゆっくり過ごす時間をもてずに悩む母親を，保育所の担任保育者や主任保育者は日々ねぎらいながら，あきのりの様子や成長ぶりを送迎時に伝えるなどして母子を支えた。

　そのような中，3カ月前に母親が再婚し，家族3人での生活が始まった。最近になり，保育所で友達に乱暴なことをしたり，わざと周りの注意を引いたりするような言動があきのりに目立ち始めた。気にかけた担任保育者が，お迎えの際，母親にあきのりの家庭での姿を尋ねると，夫のあきのりに対するしつけが厳しいこと，厳しすぎるのではと気になる時もあるが，夫なりに父親になろうと努力していると思うと口出しできず，夫とあきのりの板挟みで悩んでいることを話してくれた。

　あきのりが家庭環境の変化に戸惑っていると推測した担任保育者は，危険な言動は注意しつつも，気持ちを受け止め，できるだけ寄り添うことを心がけた。するとある日の午睡の際，あきのりが，今までは自分が母親を守ってきたのに，再婚により新しい父親に母親をとられてしまった気がすることを，泣きながら話してくれた。

　担任保育者から相談を受けた所長が両親と面談を行った所，父親は自分は良い親になれると思っていたが，努力すればするほど父親らしい振る舞いや愛情表現がわからないこと，自分に対し拒否的なあきのりとの関係に苦しんでいることがわかった。家族それぞれの葛藤を感じた所長は，すでにできあがっている親子に新たなメンバーが加わり「家族」になることは，決して簡

単ではないこと，だからこそ，無理に急いで関係性を築いたり，役割を求めたり，それを果たそうと頑張りすぎるのではなく，時間をかけて新しい家族の形を見つけて行けばよいことを助言した。

（2）ひとり親家庭

1）ひとり親家庭を取り巻く現状・課題

　ひとり親家庭とは，父子のみもしくは母子のみで構成される家庭をいう。「平成28年度全国ひとり親世帯等調査結果の概要」（厚生労働省）によると，ひとり親世帯となった理由は，いずれの世帯も死別より離婚の割合が高い（しかし離婚に至った理由は，配偶者からの暴力等も含めさまざまである，表7-5）。また，死別や離婚以外の理由として，未婚の母や父というケースもある。いずれの世帯も正規雇用の割合が5年前の前回調査より増加しているが，母子世帯では依然としてパート・アルバイトの割合が5割に近い。平均年間収入は，いずれの世帯も前回調査より増加しているものの，「国民生活基礎調査」（厚生労働省）による児童のいる世帯の平均収入と比べると，特に母子世帯はその半分以下となっている。

　ひとり親世帯が抱える子どもに関する悩みでは，母子世帯・父子世帯ともに「教育・進学」「しつけ」「就職」の順に高い割合を示している。他方，ひとり親本人の悩みでは，「家計」が共通して1位であるものの，母子世帯は次いで「仕事」「自分の健康」，父子世帯では「家事」「仕事」となっており，世帯による違いが見られる。また，父子世帯に比べ母子世帯は持ち家率が低いこともあり，「住居」について悩みを抱える母子世帯が父子世帯の2倍以上の割合となっている。

　こうした現状を踏まえ，ひとり親家庭に対し，相談支援体制の構築，就労自立支援，就業等と子育ての両立支援，経済支援等，さまざまな支援施策が用意されている。現在，ひとり親家庭・多子世帯等自立支援策と児童虐待防止対策をとりまとめた政策パッケージである「すくすくサポート・プロジェ

第7章　保育者による子ども家庭支援の実際

表7-5　母子世帯と父子世帯の状況

		母子世帯	父子世帯
1　世帯数［推計値］		123.2万世帯 （123.8万世帯）	18.7万世帯 （22.3万世帯）
2　ひとり親世帯になった理由		離婚 79.5%（80.8%） 死別　8.0%（ 7.5%）	離婚 75.6%（74.3%） 死別 19.0%（16.8%）
3　就業状況		81.8%（80.6%）	85.4%（91.3%）
	就業者のうち 正規の職員・従業員	44.2%（39.4%）	68.2%（67.2%）
	うち 自営業	3.4%（ 2.6%）	18.2%（15.6%）
	うち パート・アルバイト等	43.8%（47.4%）	6.4%（ 8.0%）
4　平均年間収入 　　［母又は父自身の収入］		243万円（223万円）	420万円（380万円）
5　平均年間就労収入 　　［母又は父自身の就労収入］		200万円（181万円）	398万円（360万円）
6　平均年間収入 　　［同居親族を含む世帯全員の収入］		348万円（291万円）	573万円（455万円）

注：(1)　（　　　）内の値は，前回（平成23年度）調査結果を表している。
　　(2)　「平均年間収入」及び「平均年間就労収入」は，平成27年の1年間の収入。
　　(3)　集計結果の構成割合については，原則として，「不詳」となる回答（無記入や誤記入等）
　　　　がある場合は，分母となる総数に不詳数を含めて算出した値（比率）を表している。
出所：厚生労働省「平成28年度 全国ひとり親世帯等調査結果の概要」。

クト」（すべての子どもの安心と希望の実現プロジェクト）により，一層の充実と
その実現が期待されている。なお，ひとり親家庭に対する支援は，従来母子
家庭が中心であったが，2010（平成22）年から父子家庭も児童扶養手当の支
給対象となり，2013（平成25）年度からは父子家庭の父も自立支援給付金事
業の対象となった。さらに，2014（平成26）年には「母子及び寡婦福祉法」
が「母子及び父子並びに寡婦福祉法」に改称され，父子家庭への福祉に関す
る章が創設されたことに加え，母子福祉資金貸付等の支援施策の対象が父子
家庭にも拡大されるなど，支援施策の拡充が進められている。

2）保育者に求められるひとり親家庭への支援

　事例の母親のように，ひとり親家庭の親は，一人で子どもを養い生計を立

ていかなければならないプレッシャーや不安を抱えている。また，生別，死別にかかわらず，配偶者やパートナーとの別れに際し大きな傷を負っている。加えて，ひとり親家庭となった経緯や苦労を知らない世間から偏見の眼差しを向けられ，さらに深い傷を負うこともある。

　こうした事情に加え，経済的に困窮し，時間的・精神的な余裕がない状態での生活を余儀なくされると，近隣住民や他の保護者と関わりをもちにくく孤立を招きかねない。その上，親自身の人間関係や行動範囲が狭まると，その子どもの交友関係も狭まり，さまざまな人と出会い，さまざまな出来事に触れる機会を失うことにもつながりかねない。また，親が一人で問題を抱え込み疲弊が蓄積されると，ストレスから子どもへの不適切な関わりに発展してしまう危険もある。そのため，事例の保育者のように，ひとり親家庭の親が置かれている立場や背景，気持ちに十分配慮し，共に子どもを見守り育むパートナーであることを言葉や態度で伝えていくこと，身近な相談相手として親がいつでも安心して心を開き信頼できる存在であることが重要である。親自身が自分や子どもを含めた人生を前向きに捉え，安定した気持ちで子育てに向かえるよう，側面的に支援することが求められる。

　また，困難を抱えている親の中には，ひとり親家庭を対象とした子育て支援，生活支援の制度，公営住宅の供給に関する配慮などのサービスに関する情報を知らない場合もある。そのため保育者は，ひとり親家庭に対する各種支援・制度を理解し，必要な情報提供を行い，場合によっては各種機関につなげることも，重要な役割の一つである。

（3）ステップファミリー

1）ステップファミリーを取り巻く現状

　夫婦の一方もしくは両方が，前の配偶者との間に生まれた子どもを連れて再婚（または事実婚）し，新たにできた家庭をステップファミリーという。「人口動態統計特殊報告『婚姻に関する統計』の概況」（厚生労働省，2016年

度）によると，夫妻の初婚－再婚の組み合わせ別婚姻件数の年次推移におい
て，「夫妻とも再婚又はどちらか一方が再婚」カップルが2015（平成27）年は
26.8％となり，近年上昇傾向にある。この再婚家庭の中にはステップファミ
リーも多く含まれていると考えられ，今後もその増加が見込まれる。

　ステップファミリーは，事例で取り上げた葛藤の他，新しい家族が増える
ことでそれまでの家庭内のルールや生活習慣，人間関係が変わる，子どもが
別居（死別）の実親への忠誠葛藤に苦しむなど，新たに家族を形成するに当
たりさまざまな壁に直面する。さらに，再婚または離婚歴のある伴侶との結
婚に，親族や友人から理解が得られなかったり，ステップファミリーである
ことを周囲に打ち明けられなかったりして，身近に相談相手を得にくい場合
もある。それゆえ，こうした難しさを比較的スムーズに解決できたとしても，
ステップファミリーとして家庭が安定し始めるのに最速でも2年，完全に安
定するには4年かかるともいわれている。なお子どもの場合，約2年以内に
両親の離婚の痛手から回復できる一方，ステップファミリーに適応するには
2年から7年以上かかるという調査結果もある。

2）保育者に求められるステップファミリーへの支援

　現在，再婚率は増えているものの，世間一般における認知度が低いことも
あり，ステップファミリーに対する専門の相談窓口は少ない。そのため，子
育てに関する地域の身近な専門家である保育者に期待される役割は大きい。
また保育者は子どもにとって，親以外に本音を吐露できる身近な大人である
ことをより一層自覚しなければならない。

　そもそも家族とは，生活の場を共にしたり法律上の手続きを踏んだだけで，
単純に形成されるものではない。ステップファミリーの場合，そこに別居
（死亡）した実親の存在や，以前の結婚生活，家族の思い出，そこからもた
らされる不安やさまざまな思いがあるがゆえに，互いを親あるいは子として
認めることは決して簡単ではない。また，出産，育児を通じて親子の愛着関
係が築かれていく段階を経ずに，再婚により突然親となった継親は，子育て

への不安が多い上に，周囲から親としての役割，責任を求められ，事例の夫のように戸惑いやプレッシャーを感じることもある。

このように，ステップファミリーは，周囲からの偏見，無理解により傷つき孤立しやすいだけでなく，複雑な人間関係から家族内でもそれぞれが孤立感を抱えている場合もある。そのため，保育者が継親に対し，実親子へ行う助言のように，単純に子どもとのスキンシップや関わる時間を多くすることを提案したり，親の自覚を求めたりすることは，逆に継親を追い込むだけでなく，ストレスや自信の喪失，継子との関係の悪化につながる可能性がある。このことを踏まえ保育者は，むしろ事例の所長のように，それぞれの思いを否定したり審判することなく，葛藤や苦しみを受容し，無理せず焦らず頑張りすぎない子育てを促す必要がある。それぞれの気持ち，その家族に合った親子関係や距離感，ペースを尊重し，時には家族の仲介役として時間をかけて支援をしていくことが求められる。

6　外国籍の子どものいる家庭への支援

（1）事例の概要

シンイー（仮名，4歳）の母親は，娘が同じクラスの男児からからかわれ落ち込んでいることを心配していた。しかし，母親が幼少期に通っていた中国の保育施設では，先生は厳しく気軽に話しかけられる存在ではなかったため，日本の保育所で自分から担任保育者に声をかけ相談してよいものかわからずにいた。

また，片言の日本語しか話せず気持ちを正確に伝えられない不安もあり，トラブルの解決方法がわからずにいた。そこで先日サークルで知り合った同じ中国出身の友人に相談したところ，日本では担任保育者に相談をしても大丈夫なので，箇条書きで紙に書いてみるなど，片言でもよいから自分の言葉で気持ちを伝えてみるよう助言を受けた。そこで，連絡帳に娘の状況を書き

第7章　保育者による子ども家庭支援の実際

担任保育者に伝えたところ，お迎え時に担任保育者から，配慮が行き届かなかったお詫びとともに，母親やシンイーの不安や戸惑いへの対応について提案がなされた。日本の先生は，優しい反面，厳しさが物足りなく，何かあってからでなければ相談してはいけないのだろうかといった，文化の違いへの戸惑いもあるが，状況の好転を期待してしばらく見守ってみようと考えている。

（2）外国籍の子ども家庭を取り巻く現状・課題

　0歳から5歳までの在留外国人は年々増加しており，全国で10万5,900人となっている（2015年12月現在，「在留外国人統計」〔法務省〕）。国別では中国が最も多く，次いでブラジル，韓国・朝鮮，フィリピン，ベトナムとなっている。2008（平成20）年に日本保育協会が行った保育の国際化に関する調査研究によると，外国人児童が入所している保育所は，22都道府県（46.8％），9政令指定都市（52.9％），19中核市（47.8％），計50自治体（48.5％）であった。

　外国人保育の問題点として，保護者や子どもとのコミュニケーション，食習慣や文化の違い，通訳の不足などが挙げられている。保護者側はさらに，食の味付け，マナー，お弁当の風習の違い，日本と母国の気候のずれから服装の判断に苦慮する，裸足保育への抵抗感，相談相手がいないといった困難を抱えている現状がある。

（3）保育者に求められる外国籍の子ども家庭に対する支援

　保育者は，保護者の母国の文化や風習を理解し，その家庭の保育観を尊重しながら保育を行う必要がある。また，事例の母親のように，母国の保育施設のイメージが強く，日本の保育に対するイメージがわかないと，通常のお便りや説明だけでは，文化の違いにより理解が行き届かない場合もある。加えて，保護者が相談相手を身近に得にくい状況を踏まえ，保育者は，「何かあったら相談して下さい」と待つのではなく，細やかに保護者へ働きかけ，写真や絵など言語以外の伝達手段も駆使しながら，正確な意思の疎通を図る

ことが大切である。また，通訳の不足を解消したり，外国人保育に関する研
修制度を充実させたりすることも保育所に求められるが，これらは個々の保
育所で対応するには限界があるため，地方自治体単位でのガイドラインの設
定など，広域的な対応策を検討することが求められている。

7 DV 被害を受けている母子への支援

（1）事例の概要

　美央（仮名，20歳）は，交際していた剛志（仮名，31歳）との間に子どもを
授かった。しかし，美央はまだ大学生だったため，両親から結婚することを
反対されていた。結局は，それを押し切って，退学することを選択し，結婚
して子どもを産むことに決めた。剛志の家で暮らすことになってから，美央
は両親とは徐々に疎遠になっていった。

　2人で新たな生活が始まってから数カ月後，些細なことから口論になり，
それから剛志は美央に対して「お前は黙ってろ」などと暴言を吐くように
なった。その後，言動は次第にエスカレートしていき，暴言だけでなく，壁
を殴ったり，椅子など物にも当たり散らすようになったりした。

　美央は，お腹にいる子どもを守るために，剛志に対して言い返すことはほ
とんどなく，怯えながら剛志の言うことに従うようになっていった。しかし，
子どもが生まれてからも剛志の暴言暴力は続き，酒に酔うと，美央の髪を
引っ張ったり，物を投げつけたりするようになり，暴力行為は悪化していっ
た。

　美央は恐怖のあまり友人に相談し，子どもを連れて友人の家に避難するこ
とにしたが，金銭もなくなり友人の家にずっといられないと思い，剛志のい
る家へ戻ってしまった。友人宅から戻ると，剛志はさらに暴力的になり，1
日の行動を逐一報告させて美央の生活を管理するようになった。また性的な
行為を強要されて，第二子を妊娠した。美央は剛志から暴力を受け続ける

182

生活の中で子どもを育てられないと思いながらも，抵抗できずにその環境で生活していた。

　剛志は仕事後，連日飲み歩いており，経済的に剛志だけの収入で生活することが厳しくなると，美央の名義でお金を借りるようにと命令した。美央はお金を借りることに対して抵抗があり，他に方法はないのかと探していると，生活資金の援助を受けるために福祉事務所へ相談に行く方法があることを友人から聞いて知った。早速，福祉事務所へ行きお金がないと相談したが，福祉事務所の職員は美央の話に違和感を覚えたため，詳しく話を聞いた。すると，美央が暴力を受けていることが明らかとなった。職員は，暴力から逃げる方法を伝え，美央は大輝（仮名，4歳）を連れて再び家を出て，福祉事務所に保護されて母子生活支援施設へ入所することとなった。

　母子生活支援施設では，世帯が退所するまでに取り組む課題を挙げ，支援内容を世帯ごとに決めていく必要がある。そのために多職種でのケースカンファレンスや母親との話し合い等が行われた。この話し合い等は，次の3つを段階的に行うことで進められた。

　①　アセスメント

　まずは入所した施設での生活について説明するが，入所したばかりで不安も大きいため，ここが安心して生活できる場所であることを伝える。特に美央の場合は暴力を受けてきたため，職員が説明する時は男性職員のみにならないようにするなど配慮する。また，暴力から逃げてくる場合，逃げることを相手に察知されないように，使用していた物やお金などもほとんど持って出ないことが多いため，金銭的な不安もあることが想定される。母親と子どもそれぞれから，入所までのことや現状について母子支援員や少年指導員などが聞き取るが，特に子どもは，何も知らされず心の準備もできていないまま環境が変わってしまったことへの戸惑いもあり，入所時は特に注意を要する。まだ，信頼関係を築けていない状況であることから，母親・子どものペースに合わせて話を進めていく。

② 自立支援計画（短期・長期）

話し合いを重ねながら，職員とともに母親・子どもそれぞれの自立支援計画を一緒に立てていく。自立支援計画は，短期的な自立支援計画と長期的な自立支援計画に分けて立てていき，母親と子どもの様子に応じて定期的にモニタリングしながら計画を見直す。本事例では，美央は大学を退学していて働いた経験がないため，就労については母子指導員などが説明をしながら進めるなど，状況に応じた計画を立案していくことになった。

また，暴力のある生活の中で子育て状況はどうだったかなど振り返る必要が出てくる。しかし，思い出したくない経験でもあるため慎重に進めていく必要がある。大輝はまだ幼児であるため，必要に応じて母親に様子を聞くことも考えなければならない。

③ ケースカンファレンス

施設の職員間でもケースカンファレンスを行うとともに，支援の方向性を打ち出すにあたり，母親と子どもが入所している施設以外に，関わりを持っている関係機関も含めて，ケースカンファレンスを行うことがある。入所後に大輝が保育所に入所した場合，当該施設での生活以外の支援として，保育所との連携を図ったり，各機関が担う役割を確認したりしながら母子を支えていくことになる。入所時だけでなく，退所後の地域で生活していく上で，保育所や各機関は重要な社会資源となっていく。

（2）家庭内暴力（DV）の現状

「配偶者からの暴力に関するデータ」（内閣府男女共同参画局，2017年）によると，配偶者暴力相談支援センターにおける相談件数は2016（平成28）年から若干減少しているが，警察における配偶者からの暴力事案等の相談等件数は年々増加していることから，DV の全体数は増加傾向にあるといえる。[1]

母子生活支援施設への入所理由としては，「夫などの暴力」が最も多く，52.3％と半数以上が DV による被害を受けており，その割合も増加傾向に

ある⁽²⁾。

　また，児童虐待の定義に定められている心理的虐待の一つとして，子ども
の目の前で家族に対して暴力をふるう（ドメスティック・バイオレンス：DV）
が挙げられているが，児童虐待の中でも父親からの心理的虐待が最も多い。

（3）制度・専門機関・職種

1）母子生活支援施設

　母子生活支援施設は，「配偶者のない女子又はこれに準ずる事情にある女
子及びその者の監護すべき児童を入所させて，これらの者を保護するととも
に，これらの者の自立の促進のためにその生活を支援し，あわせて退所した
者について相談その他の援助を行うこと」（児童福祉法第38条）を目的とする
施設である。

　具体的には，住宅困窮や養育困難，またDV被害を受けていたなど，生
活に何らかの困難を抱えている母親と子どもが安心・安全な環境で暮らすこ
とのできる施設である。入所世帯はさまざまな困難に向き合っていくことに
なるが，職員との関わりややり取りの中で社会資源があることを知り，その
社会資源の活用方法を学び実践しながら困難を乗り越えていくのである。そ
のようにして，やがて世帯が地域で生活できることを目指している。

　また母子生活支援施設の大きな特徴として，唯一親子で入所できる児童福
祉施設であることから，母親と子どもを単体でなく，世帯として捉えながら
支援していくことができる。

2）福祉事務所

　福祉事務所は，社会福祉法第14条に規定されている「福祉に関する事務
所」のことである（第6章参照）。福祉事務所には母子家庭の相談窓口があり，
相談者の相談内容を踏まえた適切なサービスや施設について説明を受けられ
る所である。そのため本事例では，母子生活支援施設に入所するための窓口
となっている。

また，経済的に困窮している世帯に対して生活資金の援助が必要だと判断する窓口でもあることから，施設に入所後も関わりがあり，福祉事務所で認められれば，生活保護の受給開始となる。

（4）子ども家庭を支える専門機関・施設の機能・役割

　本事例では，福祉事務所が窓口となり母子生活支援施設に入所することとなった。入所後は，母子生活支援施設を中心として，福祉事務所やその他の施設外の専門機関と連携をとっていくことになる。さまざまな専門機関があるため，ケースによってどの専門機関とつなげていくことが必要か検討しながら支援体制を整えていく。また，必要に応じて各専門機関が集まり，合同のケースカンファレンスが行われることもある。

　DV 被害を受けて入所した場合，加害者に居場所を特定されてしまうのではないかという恐怖を抱えながら生活しているため，施設やその他の関係機関からも守られていることを示す必要がある。そうすることにより，少しずつ新たな生活を始める意欲がわき，一つひとつ準備をしていくようになる。

1）子どもに対する専門機関・施設の機能・役割

　子どもに関しては，事例の大輝は 4 歳まで，母親が父親から暴力を受けるような環境のもとで生活してきた。そのことからも母親が暴力を受けている様子を目撃している可能性があり，その精神的なダメージがあると考える必要がある。施設入所後にも何らかの形で DV 目撃の影響が出てくると考え，児童相談所とともに様子を見ていくことが必要とされる。大輝の場合，今まで保育所や幼稚園に通うこともなく家で過ごしてきたため，母親と離れるのを拒むことも想定される。

　その他にも，突然施設での生活が始まることが理解できず落ち着かないことがある。そして，今まで DV の生じる環境で生活してきた影響から，母親のことを過剰に心配したり，今までの反動（思う存分，母親に甘えられずにきた点，等）で，過剰に甘えたりすることも考えられる。

そのような子どもに対して，無理強いはしないが，まずは施設内保育を活用し，徐々に母親と離れて生活する時間を確保しながら環境に慣らしていく。その後，保育所に通うことができれば，保育所と連携し，子どもの成長や変化に注意を払いながら保育を行っていく。

さらに，母親が離婚手続きや就労に向けて活動していく際には，母親自身の疲れや不安を子どもが感じ取り，不安定になったりすることもある。そのため，子どもの不安を軽減するために，施設内の補完保育を活用することもできる。実際に，補完保育を利用している割合は75.6％もあり，需要は高い。[3]

また，第二子に関しては，母親のお腹の中で順調に育っているか，市町村保健センターと連携・つながりが途絶えないようにして，母子共に健康を管理していく役割を担う。

母子生活支援施設では，子どもが，大人から大切にされる体験から大人への信頼を取り戻すことができるように，職員が，保育や学童，施設内の行事，日常生活の支援などを通して関わっている。子どもにとって最も身近であった大人が，暴力を振るう父親やそれを受ける母親であったことから，歪んだ人間関係を見てきているため，職員が，暴力を振るわない新たな大人モデルとして子どもに関わることで，新しい人間関係を構築していく役割も担っているのである。

２）母親に対する専門機関・施設の機能・役割

母子生活支援施設では，母親に対しては，離婚に関する手続き，育児に関する相談，仕事や資格取得，金銭面に関する問題，臨床心理士による支援などが行われる。

暴力から逃げてくるには，勇気や決断，行動力が必要であり，着の身着のままで逃げてくることも多いことを念頭に置いておく。まずは暴力を受けていた所から自分の意思で逃げてくることができた母親のことを労うことが大切である。

「入所者からの相談内容で最も多いのは「就労問題」の75.6％，次に多い

のが「経済的課題」で67.4%[4]」であることからも，金銭面での心配が大きいことがわかる。

　本事例でも，一度，友人の家に逃げたものの，金銭的な自立ができないため夫の下へ戻ってしまっている。子育てをしながら働くことのできる就労先を見つけることができるように，就職活動を支援することが必要である。その際，働きやすさの他に，母親をエンパワメントできると，母親自身の自己肯定感も上がっていく。美央の場合は，どのようなことに興味があるのか，得意なことは何かなどもわからないため，職員との関わりなどから探して考えていくとよい。それが見えてきた所で，就労のために講座を受けて資格取得を目指すのである。

　また本事例からも，母親には，DVを受けた影響による疾患などがあり，生活している中でその症状が出てくるようであれば，施設内の臨床心理士や医療機関につなげる必要もある。疾患が出ていない場合でも，DVによる心的ダメージは大きいため，施設内の臨床心理士と面接を行う場合もある。まずは心身の健康を確保しなければならない。疾患はすぐに回復するものではないが，人によっては良くなったので完治したなどと自己判断をしてしまい，通院をやめてしまうこともある。継続的に通院するように促したり，職員が医師や臨床心理士と連携をとったりすることもある。

　そして，夫との離婚手続きのために弁護士や法テラスとのつながりも考えていくべきである。この手続きに関しては特に精神的な負担が掛かるため，施設職員は母親の精神的な不安や疲れを軽減できるようにしていく。また，母親自身のストレスによって子どもも影響を受けやすいため，子どもへの影響をできるだけ軽減するようにしていく。

　通院や手続き等に関しては，精神的に不安定で1人で外出できない，手続き方法がわからないなどの理由で母親のみで行うことが難しい場合が多く，母子生活支援施設の職員がつき添うこともある。

第7章　保育者による子ども家庭支援の実際

（5）世帯への支援

　母親への支援と子どもへの支援は，それぞれ単独で行うこともあるが，それと同時に，母親と子どもを一つの世帯として捉えて世帯としての支援もしていかなければならないのである。母親への支援は子どもへの支援につながり，子どもへの支援は母親にもつながっていくため，母子生活支援施設では母子支援員と少年指導員に担当職種が分かれていても，当該施設内での職員間連携やつながりのある支援が必要不可欠となるのである。

8　本章のまとめ

　本章では，保育所を利用する子ども家庭への支援，地域の子育て家庭への支援，障害児のいる家庭への支援等，さまざまなケースを基に，保育者が子ども家庭支援を展開する上での視点・考え方，支援方法等について述べてきた。いずれのケースも，子どもと保護者（家庭）が複雑・多様なニーズを抱えており，保育者には，個々の状況に応じた，より高度な専門的対応が求められるものであったといえよう。

　近年の保育現場では，このようなケースが増加していることから，保育者一人ひとりが果たすべき役割や専門性について考え，組織全体で支援方法等を検討していくことが，子どもと保護者（家庭）に効果的な支援を進める上での鍵となる。保育者には，保育の知識・技術に加え，障害児や子ども虐待等を取り巻く状況・情報の把握や，関連知識等を備えておくことが求められる。また，ケース内容等によっては，保育者の役割の範囲・限界を念頭に置きつつ，家族間の関係調整，地域の社会資源の活用，関係機関（他職種）との連携等といった，ソーシャルワークの視点・理論等を踏まえた支援の展開が必要となる。同時に，それらを効果的に進めるためには，組織内（職員間）の協働体制の構築等が重要になることも忘れてはならない。

―― **さらに考えてみよう** ――

① 保育者が子ども家庭支援を展開する上での役割，留意すべき点等について，本章の内容を踏まえながら考え，まとめてみよう。

＊保育所を利用する子ども家庭への支援，障害児のいる家庭への支援，子どもの虐待問題を抱えた家庭への支援等，各節の内容ごとに考え，まとめる形でもよい。

② 本章の各事例（各節の冒頭）における保育者の支援について，本文中で示した方法・展開以外に，どのようなものが考えられるか。グループ（5～6人程度）になって話し合い，まとめてみよう。

（編　者）

注
(1) 内閣府男女共同参画局「配偶者からの暴力に関するデータ」2017年。
(2) 全国母子生活支援施設協議会「平成28年度　全国母子生活支援施設実態調査報告書」2017年，108頁。
(3) 同前資料，122頁。
(4) 同前資料，73頁。

参考文献
・第1節
石田慎二・山縣文治編著『社会福祉 第5版』ミネルヴァ書房，2017年。
上田衛編『保育と家庭支援』みらい，2016年。
厚生労働省編『保育所保育指針解説』フレーベル館，2018年。
高辻千恵・山縣文治編著『家庭支援論』ミネルヴァ書房，2016年。
バイステック，F.P.／尾崎新・福田俊子・原田和幸訳『ケースワークの原則――援助関係を形成する技法 新訳改訂版』誠信書房，2006年。
・第2節
厚生労働省「地域子育て支援拠点事業実施要綱」2014年。
厚生労働省「地域子育て支援拠点事業とは（概要）」2017年（https://www.mhlw.go.jp/file/06-Seisakujouhou-11900000-Koyoukintoujidoukateikyoku/kyoten_gaiyou_H29.

第 7 章　保育者による子ども家庭支援の実際

pdf，2019年 4 月22日アクセス）。

厚生労働省『保育所保育指針』2018年。

子育てひろば全国連絡協議会『地域子育て支援拠点事業における活動の指標「ガイドライン」改訂版』2017年。

高野亜紀子「保護者支援から見る子どもをとりまく環境の今日的課題」『東北福祉大学紀要』38，2014年，33-46頁。

無籐隆・汐見稔幸・砂上史子『ここがポイント！　 3 法令ガイドブック──新しい「幼稚園教育要領」「保育所保育指針」「幼保連携型認定こども園教育・保育要領」の理解のために』フレーベル館，2017年。

文部科学省『幼稚園教育要領』2018年。

安川由貴子「地域子育て支援拠点事業の役割と課題──保育所・保育士の役割との関連から」『東北女子大学・東北女子短期大学紀要』53，2014年，79-88頁。

・**第 3 節**

上野一彦監修，酒井幸子・中野圭子『ケース別　発達障害のある子へのサポート事例集　幼稚園・保育園編』ナツメ社，2010年。

直島正樹・原田旬哉編著『図解で学ぶ保育 社会福祉 第 2 版』萌文書林，2017年。

日本精神神経学会日本語版用語監修，高橋三郎・大野裕監訳，染谷俊幸・神庭重信・尾崎紀夫・三村將・村井俊哉訳『DSM-5 精神疾患の分類と診断の手引』医学書院，2014年。

野田敦史・林恵編著『演習・保育と障害のある子ども』みらい，2017年。

藤永保監修，村田カズ著者代表『障害児保育 第 2 版』萌文書林，2015年。

星山麻木編著『障害児保育ワークブック』萌文書林，2012年。

堀智晴・橋本好市・直島正樹編著『ソーシャルインクルージョンのための障害児保育』ミネルヴァ書房，2014年。

本田秀夫『自閉スペクトラム症の理解と支援』星和書店，2017年。

前田泰弘編著『実践に生かす障害児保育』萌文書林，2016年。

・**第 4 節**

厚生労働省「健やか親子21検討会報告書」2010年。

厚生労働省「子ども虐待対応の手引き」2013年。

厚生労働省「平成28年度 児童相談所での児童虐待相談対応件数」2016年。

厚生労働省「平成28年度 福祉行政報告例の概要」2016年。

厚生労働省「子ども虐待による死亡事例等の検証結果等」2017年。

・第5節

厚生労働省「平成28年度 全国ひとり親世帯等調査結果の概要」2016年。

厚生労働省「平成28年 国民生活基礎調査の概況」2016年。

厚生労働省「平成28年度 人口動態統計特殊報告『婚姻に関する統計』の概況」
　　2016年。

新川てるえ『日本の子連れ再婚家庭——再婚して幸せですか？』太郎次郎社エディ
　　タス，2017年。

ペーパーナウ，P.／中村伸一・大西真美監訳，中村伸一・大西真美・吉川由香訳
　　『ステップファミリーをいかに生き，育むか——うまくいくこと，いかないこ
　　と』金剛出版，2015年。

・第6節

荒牧重人・榎井縁・江原裕美・小島祥美・志水宏吉・南野奈津子・宮島喬・山野良
　　一編『外国人の子ども白書』明石書店，2017年。

木浦原えり・真宮美奈子「外国人の親をもつ子どもの保育に関する研究——入所児
　　童数が多い山梨県内の保育所の事例を中心に」『山梨学院短期大学研究紀要』
　　34，2014年，74-87頁。

日本保育協会「保育の国際化に関する調査研究報告書 平成20年度」2008年。

・第7節

ランディ・バンクロフト，ジェイ・G・シルバーマン／幾島幸子訳『DV にさらさ
　　れる子どもたち——加害者としての親が家族機能に及ぼす影響』金剛出版，
　　2004年。

第7章　保育者による子ども家庭支援の実際

── コラム7　児童養護施設からの家庭復帰とケースカンファレンス ──

　児童養護施設に入所している子どもは，施設入所前に何らかの養護問題を理由に親子分離をする必要があり，施設で保護され養育されている。当たり前のことかもしれないが，ほとんどの子どもには保護者がいる。そして同時に，入所している子どもたちの多くは，「早く保護者と一緒に暮らしたい」「家に帰りたい」と考えている。

　施設では，衣食住を基本とした日常生活支援や，子どもの年齢に応じた自立支援とともに，児童相談所等の関係機関と連携しながら，「家族再統合」を目指した保護者への支援や，親子関係の調整を行っている。そのような取り組みを繰り返し，子どもの家庭復帰の見通しがつき始めたら地域の関係機関が一堂に会し，子どもが家庭復帰することが適当かを協議するケースカンファレンスが実施される。子どもや，保護者の支援に関わっている機関が，それぞれの情報を出し合い，どうすれば子どもの権利が守られるか，保護者，家族にとってどのような支援をすることがよいのか，関係機関それぞれの立場から意見を出し合い，真剣に議論するのである。

　そのような時に特に重要になるのが，保育所の意見である。子どもが施設入所前に保育所を利用していれば，保育所は，子どもの成長の様子や保護者への思い，保護者の子どもへの関わり方や養育の状態，意識等について最も多くの情報を持っていると考えられるためである。

　実際にケースカンファレンスでは，保育所の保育者からの発言は多く，その一つひとつが方針を決定するために重要な意見となる場合が多い。保育者の発言から，子どもや保護者のことを大切に考え，幸せを望む熱い気持ちや，子ども，家族との関わりの歴史，これから子どもと保護者を受け入れて支援していく覚悟などを感じることも多い。それはまさに，保育所の保育者の専門職としてのプロ意識を感じる機会である。

| 第8章 | これからの子ども家庭支援——課題と展望 |

── 学びのポイント ──

　子ども一人ひとりの健やかな育ちの実現を目指す保育者には，子どもの成長・発達に直接関わることに加え，その家庭が子育て環境として安定した基盤となるよう保護者の子育てを支援することが求められている。子ども家庭支援において期待される役割を担うことができる保育者となるために，本書での学びを日々の保育において活かしてほしい。

　最終章となる本章では，これまでの学びのしめくくりとして，子ども家庭支援に関する現状と課題について整理し，子ども・保護者そして家庭を社会全体で支援することの意義，今後の子ども家庭支援のあり方について考えてみてほしい。

1　子ども・子育て家庭をめぐる現状と課題

(1) 子育て支援施策の現在

　わが国では，1990年代以降，少子化を背景とした子育て支援施策が多岐にわたり推進され，現在も多様な取り組みが展開されている。

1)「少子化社会対策大綱」における子育て支援施策

　2020年を目途とした，少子化対策として政府の総合的かつ長期的指針となる「少子化社会対策大綱」が，2015（平成27）年3月に閣議決定された。これは「個々人が結婚や子どもについての希望を実現できる社会をつくること」を基本的な目標とし，「子育て支援施策を一層充実」「若い年齢での結婚・出産の希望の実現」「多子世帯へ一層の配慮」「男女の働き方改革」「地域の実情に即した取組の強化」等を重点課題として挙げ，2015年度以降の5

年間を目途に「集中取組期間」としている。

　特に，子育て支援施策については「子育てをめぐる環境が大きく変化する中，子育て家庭における様々なニーズに対応するととともに，一人一人の子供の健やかな育ちを実現するため，子供や子育て支援の更なる充実を図ることが最も重要である」として，「子ども・子育て支援新制度の円滑な実施」「待機児童の解消」「小１の壁の打破」を掲げている。

　また，長期的視点に立ったきめ細かな少子化対策を総合的に推進するものとして，「結婚，妊娠・出産，子育ての各段階に応じ，一人一人を支援する」「社会全体で行動し，少子化対策を推進する」という柱を示している。

　特に，「妊娠・出産」段階の具体的な施策として妊娠期から子育て期にわたる総合的な相談支援を提供するワンストップ拠点として「子育て世代包括支援センター（母子健康包括支援センター）」を全国的に整備するとしている（第６章参照）。

　また「子育て」段階では，幼児教育の無償化等の「子育ての経済的負担の緩和・教育費負担の軽減」「地域の安全の向上」「貧困の状況にある子供への支援」「ひとり親家庭支援」「児童虐待の防止・社会的養護の充実」「障害のある子供等への支援」（「少子化社会対策大綱」別添１）など，社会的支援の必要性が高い家庭・子どもへの支援の推進を図ることとなっている。

2）「子ども・子育て支援新制度」が目指すもの

　「子ども・子育て支援法」（平成24年法律第65号）を基盤とする子ども・子育て関連三法に基づき，2015（平成27）年度から本格施行された「子ども・子育て支援新制度」（以下「新制度」）は，子ども・子育て支援法の目的である「一人一人の子どもが健やかに成長することができる社会」（第１条）の実現に向けて「保護者が子育てについての第一義的責任を有する」（第２条）という基本的認識の下に，幼児期の学校教育・保育，地域の子ども・子育て支援を総合的に推進するものである。

　「新制度」は，一人ひとりの子どもの良質な発達環境の保障に加え，保護

第8章 これからの子ども家庭支援

者が安心して子育てに喜びを感じられるような子育て環境の整備を目的としている。子育て支援施策の集大成という目的の下，すべての子ども・子育て家庭を，社会全体で支える仕組みの構築を目指している。

（2）子ども・子育て家庭をめぐる環境と課題

子育て支援施策が求められるということは，現実は子ども・子育て家庭が厳しい状況に置かれていることに他ならない。子ども・子育て家庭をめぐる環境について，子ども・子育て支援法に基づく国の基本指針[1]（以下，「基本指針」）などで，次のような現状と課題を指摘している。

1）子どもの育ちをめぐる環境

出生数の減少とともに，きょうだいのいない一人っ子が増加傾向にある。ゆえに，乳幼児期に異年齢の中で育つ機会の減少など，子どもの主体性や社会性などの育ちをめぐる環境も変容している。

貧困による経済格差も子どもの育ちに大きな影響を及ぼす。「国民生活基礎調査」[2]（厚生労働省）によれば，子どもの貧困率は2012（平成24）年の16.3％から2015（平成27）年は13.9％に減少し改善傾向にあるものの，依然としてOECD平均の13.3％（2013年）を上回っている。

特に，ひとり親家庭の貧困率は50.8％と高くなっているため，貧困対策やひとり親家庭施策では，就労支援を中心に教育の機会などの格差解消にも取り組み，貧困の世代間連鎖を断ち切ることが求められている。

さらには，慢性疾患や難病などの医療的ケアを必要とする子どもや障害児など，特別な支援を必要とする子どもとその家庭への支援体制も課題となっている。

2）家族・地域の変化と子育ての負担や不安，孤立感

少子化，核家族化によって地域におけるつながりが希薄化し，祖父母や近隣住民などの身近な人間関係において，日々の子育てに対する助言，協力を得ることが難しい状況となり，子育てに負担や不安，孤立感を感じる保護者

197

が増加しているのは周知の通りであろう。

　少子化ゆえに，子育てに対する社会からの期待が高まる一方で，育児雑誌やインターネット上の育児関連サイト等による情報の氾濫により，適切な情報入手がかえって困難でもある。かつては子ども同士が，きょうだいや近所の子どもの世話を通して，子育てに自然に触れたり・体験できたりしたが，現代ではそうした機会も失われつつあるため，赤ちゃんや子どもと関わる経験がほとんどないまま親となり，「こんなはずではなかった」とイメージと現実とのギャップに悩む親も少なくない。

　さらに，男女共同参画社会を目指す状況下において，伝統的な性別役割分業意識が根強いために母親に家事・育児の負担が集中しやすく，「母親ならば自分を犠牲にしても子どもを優先すべき」といった母親規範意識や，「子どもが3歳になるまでは母親の手で育てるべき」という3歳児神話等，社会に根強く残る認識も，子育て中の母親にとって大きな重圧となっている。

3）仕事と子育ての両立（ワーク・ライフ・バランス）をめぐる問題

　人口減少に伴う人材不足，共働き家庭の増加，非正規雇用割合の高まり，仕事と子育ての両立やワーク・ライフ・バランス（以下，WLB）をめぐる議論など，経済状況や企業経営を取り巻く環境の変化と，雇用者・被雇用者ともに働き方の意識改革が課題となっている。

　例えば，出産・子育てに伴う女性の就労継続については，働き続けることを希望しながらも仕事と子育ての両立が困難であるとの理由から出産を機に退職する女性が多い。このことは，都市部を中心とした「待機児童」の解決が進んでいないことが要因の一つであり，仕事と子育ての両立が困難という理由で女性の活力を活かすことができないのは，経済・社会の活性化の視点からも大きな経済的損失であるとの指摘がある。

　育児への参画に関する父親の意識や意欲は高まってきているが，子育て期にある30〜40代の男性で長時間労働をしている者の割合は高く，子育て期の父親の家事・育児時間は，諸外国に比べ短い。他方，夫の家事・育児時間が

長い夫婦ほど，第二子以降の出生割合が高い傾向があることが報告されるなど，WLB の見直し，育児における父親の積極的な関わりが望まれている。

　以上のように，社会・経済状況の変化に伴う子ども・子育て家庭を取り巻く環境の変化は，子育てに対する負担感や不安・孤立感の高まりに拍車をかけているといえる。さらに，育児不安や育児ストレスを高じさせた結果，児童虐待等の深刻な家庭問題を抱えたり，社会的養護が必要な子どもの増加にもつながったりしている。

2　今後の子ども家庭支援のあり方

（1）社会全体で子育て支援を考える──「社会連帯」に基づく子育て支援

　子ども・子育て支援法の理念は，「子ども・子育て支援は，父母その他の保護者が子育てについての第一義的責任を有するという基本的認識の下に，家庭，学校，地域，職域その他の社会のあらゆる分野における全ての構成員が，各々の役割を果たすとともに，相互に協力して行われなければならない」（第2条第1項）とあるように，「社会連帯」に基づく子育て支援である。

　子育ては親だけでするのではなく，祖父母やおじ・おば，きょうだいなどの親族や地域の近隣関係など多くの人々に支えられ，地域社会の中で見守られ育まれてきた歴史がある。しかし，社会環境の変化によって子育てのあり方が変容している。そのため，今日では，多くの子育て家庭が何らかの支援を必要としているといっても過言ではない。

　子どもが健やかに育つには，家庭が安定していなければならない。そのためには，親が孤立せず，地域のさまざまな人たちのネットワークによって支えられていくことが鍵となる。「孤立，競争，不安」の上に成り立った子育てではなく，「連帯と協働，安心」を基盤とした子育てができるようなコミュニティづくりが，社会福祉の課題である。

　また「新制度」は，消費税率の引き上げによる恒久財源の確保を前提とし

てスタートした。こうした点からも、子育ち・子育てを社会全体で支える機運は高まってきている。「基本指針」にあるように、子どもは「社会の希望であり、未来をつくる存在」であり、子育ち・子育てを支えることは「将来の我が国の担い手の育成の基礎をなす重要な未来への投資であり、社会全体で取り組むべき最重要課題の一つ」なのである。もちろん、子どもは、次代を担うために生まれてきたのではなく、まず子どもである現在を幸せに生きる権利が保障される必要性についてはいうまでもない。

（2）これからの子ども家庭支援

子育ては楽しいことばかりではなく、ストレスや負担を感じるような苦労も決して少なくはない。しかし、子どもに愛情を注ぎ、その笑顔に癒やされ、子どもの成長に感動し、親も親としての自分の成長を実感するという喜びや生きがいをもたらす営みである。したがって、子育て支援は、単なる育児の肩代わりや親の負担軽減策ではなく、親が子育てを子どもとともに楽しみながら「保護者が子育てについての責任を果たすことや、子育ての権利を享受することが可能」（「基本指針」）となり、「子育てを自ら実践する力の向上に資する」（「保育所保育指針」）ものであることを求められる。そのためには、「地域や社会が保護者に寄り添い、子育てに対する負担や不安、孤立感を和らげることを通じて、保護者が自己肯定感を持ちながら子どもと向き合える環境を整え、親としての成長を支援し、子育てや子どもの成長に喜びや生きがいを感じられるような支援」（「基本指針」）であることが大切である。子育て支援は親の自立支援という一側面も有している。

「基本指針」では、このような子育て支援の実施にあたっては「妊娠・出産期からの切れ目のない支援を行っていくこと、保護者の気持ちを受け止め、寄り添いながら相談や適切な情報提供を行うこと、発達段階に応じた子どもとの関わり方等に関する保護者の学びの支援を行うこと、安全・安心な活動場所等子どもの健全な発達のための良質な環境を整えること、及び地域の人

第8章　これからの子ども家庭支援

材をいかしていくこと」が重要だと指摘している。

　これらの視点と前述した子どもとその家庭をめぐる環境や課題とを並列して考えると，今後の子ども家庭支援に求められるのは，すべての子育て家庭を対象に，身近な地域において切れ目のない支援を関係機関が連携・協働して行う重層的なシステムの構築である。

1）子育て家庭を地域の資源とつなぐ

　地域のさまざまな子育て家庭を対象とする場においては，要保護家庭とはいえないまでも何らかのサポートを必要とすると思われる「心配な家庭」が把握されてきた。橋本真紀は，このような家庭の中には「漠然とした不安を感じつつも，支援を受けられることに気づいていない，支援を受けたくない，自分が何を必要としているのかわからないなど，相談窓口を訪ねることを『思いつかない』家庭」も含まれると指摘する。困窮度の高い親ほど行政窓口や専門機関の敷居を高く感じがちで，支援施策にたどりつきにくいともいわれる。地域にあるさまざまな資源やサービスを必要とする子育て家庭に，いかに周知し，いかにしてつなぐかが鍵となる。大切なのは，「上から目線」や事務的な対応ではなく，日常の身近な場所で当事者の目線に立った，寄り添い型の支援が求められる。

　「利用者支援事業」は，少しのサポートがあれば自分たちなりの子育てができる家庭を地域の資源とつなぎ，地域の中に子育て家庭を支えるネットワークをつくっていく事業である。この事業は，子ども・子育て支援新制度の創設に伴い，地域子ども・子育て支援事業の一つとして新たに制度化されたものである。「地域子育て支援拠点事業」と一体的に運営することで，市町村における子育て家庭支援の機能強化につながると期待されている。

　保護者の気持ちを受け止め，寄り添いながら，相談や適切な情報提供を行い，家庭と地域をつなぐ機能は，事業として利用者支援に取り組む「地域子育て支援拠点事業」や「子育て世代包括支援センター」などに限らず，保育所・幼稚園・認定こども園（以下，教育・保育施設）における子育て支援にお

いても重要である。

2）ライフステージに応じた切れ目のない支援

成長・発達途上にある子ども期は，子ども自身や保護者のニーズも常に変化する。それに対する支援施策は，妊娠・出産期（主として医療・保健分野），乳幼児期（主として保育・子育て支援など福祉分野），学童期（主として教育分野）などライフステージに応じて異なる制度で対応する。子どもの育ちを見通した長期的・計画的・継続的視点に立ち，施策・制度間の切れ目をいかにつなぐか，制度の狭間を生み出さないことが重要となる。

また，子育て家庭の置かれた状況やニーズは多様なため，生活課題が複合的に重なり合い生活問題を抱えてしまう家庭も存在する。教育・保育や子育て支援だけでなく，医療・保健，福祉，警察・司法など関連分野との連携・協働，地域の関係づくりなども含めて，生活を縦横につなぐ支援が一体的・包括的に提供されなければならない。

柏女霊峰は，「子ども家庭福祉分野の縦横の切れ目や制度の隙間」を解消するためには，子ども家庭福祉における「地域包括的・継続的支援」の概念や支援の枠組みを検討することが重要だと指摘している。[5] 母子保健施策と子育て支援施策との一体的な提供を通じて，妊娠期から子育て期にわたる切れ目のない総合的な相談支援を行う「子育て世代包括支援センター」は，そうした「地域包括的・継続的支援」につながる取り組みの一つとして，今後期待されるだろう。

そして最も身近な「教育・保育施設」は，妊娠・出産期と学童期の間の乳幼児期の子どもを対象とした地域における関係機関ネットワークの中核として，子ども家庭支援における縦横の切れ目をつなぐ「のりしろ」としての役割を担うことも期待されている。

3）重層的な子ども家庭支援

子どもと家族の生活は，地域を基盤にして営まれている。そのため，子ども家庭福祉は地域社会の中で展開される必要があり，子どもと家庭に最も身

近な基礎自治体として，市町村が子ども家庭支援と機関連携の要として機能することが不可欠とされている。⁽⁶⁾

2016（平成28）年の児童福祉法の改正により，同法第10条の２に基づき，市町村には子どもとその家庭及び妊産婦等に対する必要な支援を行うために地域の資源や必要なサービスと有機的につなぐ「ソーシャルワーク」の機能を担う拠点（市区町村子ども家庭総合支援拠点〔以下，支援拠点〕）を整備することが努力義務とされた。

市町村は，地域で子ども・子育てに係る活動を行っている団体や民生委員・児童委員などの地域資源との仲介役を担い，市町村保健センター，地域子育て支援拠点，教育・保育施設や小学校，中学校などの子どもの発達段階に応じた専門機関を有していることも強みとなる。要支援児童や要保護児童を発見しやすく，また，発見した場合に関係機関を連携させた複合的支援を行うことも可能である。市町村には，そうした支援のコーディネーターとしての機能と役割を果たすことが求められている。

具体的には，「発達の段階に応じた縦糸としての継続的な支援，すなわち妊娠期から子育て期までの切れ目ない支援を行う子育て世代包括支援センターを整備・運営していく機能」と「地域における横糸としての子育てに係る地域の様々な機関・団体を結び付けるネットワークを構築し，その中核として支援を動的につなぐ要保護児童対策地域協議会を運営していく機能」が求められる。⁽⁷⁾

「新制度」は，市町村が制度を実施し，都道府県及び国が重層的に支える仕組みである。市町村は，それぞれの家庭や子どもの状況に応じ，子ども・子育て支援給付を保障するとともに，地域子ども・子育て支援事業を実施し，妊娠・出産期からの切れ目ない支援を行う。都道府県は，市町村がその役割を果たすために必要な支援を行うとともに，子ども・子育て支援のうち，特に専門性の高い施策や市町村の区域を超えた広域的な対応を必要とする施策を講ずる。こうした市町村と都道府県の関係は，上下関係や指揮命令関係で

はなく，対等な協働関係を基本に，関係機関との連携や役割分担を積極的に果たしていくのである。

　従来，あらゆる子ども家庭相談について都道府県単位（政令指定都市含む）の機関である児童相談所が対応することとされてきた。児童福祉法改正（2004〔平成16〕年）以降，市町村が，虐待を受けた要保護児童も含め地域の子どもとその家庭を対象とした子ども・子育て支援を行い，一時保護や施設入所措置など緊急性や専門性の高い支援を都道府県の設置する児童相談所が中心となって（要保護児童施策）対応する二元的な構造となっている。都道府県（児童相談所）を中心とする要保護児童施策は，市町村の子ども家庭相談や子育て支援と分断されるのではなく，一連につながるものとして密接に連携して推進されなければならない。

　市町村は，子どもが一時保護や施設入所措置により地域から離れた後も，解除後には再び戻る可能性がある生活の拠点である。また，里親家庭や児童養護施設などの子どもにとっての生活の場でもある。そして，子どもたちが自立後に働き生活していく場でもある。市町村は，こうした生活の場として，子ども・家庭を支え続ける機能を果たすために，市町村を中心とした子育て支援施策と要保護児童施策を重層的・連続的に統合し，「支援拠点」の整備を進展させていかなければならない。

　そして「教育・保育施設」は，日々乳幼児が通い，保護者にとっても日常的な場である。「心配な家庭」や要保護家庭を発見しやすく，発見後に市町村による在宅支援の施設となった場合には最前線で，その子どもと家庭を見守り，支える役割を担うことになる。

（3）子ども家庭支援の担い手──「子育て支援員」研修制度

　「新制度」において実施される「小規模保育，家庭的保育，ファミリー・サポート・センター，一時預かり，放課後児童クラブ，地域子育て支援拠点等の事業や家庭的な養育環境が必要とされる社会的養護」については，子ど

もが健やかに成長できる環境や体制が確保されるよう，地域の実情やニーズに応じて，これらの支援の担い手となる人材を確保することが課題となっている。待機児童問題解消のための保育士等の有資格者の人材確保難が厳しさを増す中，人材を幅広く地域から活用することを目的に，2015（平成27）年に創設されたのが「子育て支援員」研修制度である。

「子育て支援員」研修は，育児経験や職業経験など多様な経験を有し，地域において保育や子育て支援等の仕事に関心を持ち，保育や子育て支援分野の各事業等に従事することを希望する者に対して，保育や子育て支援分野に関する知識や技能等を修得するために実施される全国共通の研修制度である。子育て支援の担い手となる「子育て支援員」の資質の確保を図ることを目的に，都道府県，市町村のほか指定を受けた団体が実施主体となって行っている。受講者の基本研修（8科目・8時間）と各事業の専門研修（地域保育，地域子育て支援，放課後児童，社会的養護の4コース。研修科目，時間数はそれぞれ異なる）の2つに区分されている。

なお基本研修は，保育士や社会福祉士，または幼稚園教諭や看護師など，日々子どもと関わる業務に携わる実務経験を有すると都道府県知事が認める場合には受講が免除される。

専門研修のうち，利用者支援事業・基本型を受講する場合は（利用者支援専門員となるもの），市町村長が認めた相談やコーディネート等の事業内容を必須とする事業や業務（例：地域子育て支援拠点事業，保育所における主任保育士業務等）の実務経験を1年以上有していることが条件であり，利用者支援専門員となるための一定のハードルを設けている。

「子育て支援員」の共通事項は，「子どもの育ちと家庭の養育機能を支える」役割である。その上で，従事する事業の機能により，「保育補助」（地域保育，放課後児童クラブ，社会的養護の分野），「親子が集う場の提供や交流促進」（地域子育て支援拠点事業），「子育て家庭と地域の社会資源のコーディネート」（利用者支援事業）といった各事業に必要な具体的実践力の発揮であ

る。保育補助として各種事業に従事する「子育て支援員」には，「子育て」と「保育」の違いを理解すること，子どもの命を預かり，育ちの過程に関わる責任を自覚すること，保育士の指示や助言に従いつつ，チームの一員として働くことが求められる[8]。

「子育て経験と研修だけで，保育士と同じような業務ができるのか」という疑問の声もあるが，子育て支援員（保育補助）として働いた後に保育士資格を取得したり，退職後に研修を受けたりして，地域子育て支援拠点事業や利用者支援事業などの子育て支援に関わる人材の掘り起こしや，女性や高齢者の活躍推進につながるという見方もできる。また，子ども・家庭支援の取り組みに地域の人材を幅広く活用することは，「支え手」「受け手」という関係を超えて，地域住民とNPOやボランティア団体など地域の多様な社会資源が，「我が事」として子育てに参画し，人と人，人と資源が世代や分野を超えて「丸ごと」つながることで，住民一人ひとりの暮らしと生きがい，地域を共に創っていく「地域共生社会」の実現にも資することが期待されるのである。

（4）保育者の専門性・資質の向上

すべての子どもの健やかな育ちを保障していくためには，保育サービスの量的拡大だけでなく，発達段階に応じた質の高い教育・保育と子育て支援が提供されなければならない。

特に，乳幼児期という子どもの人生の基盤となる重要な発達期に介入する保育の質向上のために，研修等による保育者の専門性・資質のさらなる向上と職員配置の改善等，現場体制の充実が求められる。また，保育者が継続してキャリアを積み重ねられるように，給与改善や福利厚生，キャリア支援の充実を図ることも大切となる。

「新制度」においては，2017（平成29）年度から「技能・経験に応じた保育士等の処遇改善」制度がスタートした。既存の施設長・主任保育士という職

階に加えて，副主任保育士・専門リーダー・職務分野別リーダー等を配置するキャリアパスを設け，研修による技能の習得によりキャリアアップ・処遇改善（給与改善）ができる仕組みである。こうした保育者の処遇改善対策は，待機児童問題解消のための人材確保だけでなく，質の高い保育・教育と子育て支援のための専門性向上という極めて重要な意味をもつ。

　さらに，保育士不足解消と専門性向上のためには，保育士資格のあり方について以下の点が検討課題となる。[9]

- 保育士は国家資格とされるが，児童福祉法に基づく法定資格であり，独自の資格法をもつ社会福祉士や介護福祉士と比べると，その位置づけが曖昧である。さらに，保育士養成課程修了により取得でき，養成年限（機関）の不統一，国家試験がないことも，社会的評価が高まらない要因となっている。
- 保育士は，子どもの保育と保護者に対する子育て支援の両方を担い，0〜18歳までの幅広い年齢の子どもを対象とする。しかし，保育士養成課程は就学前集団保育に重点が置かれ，小学生以上の子どもや保護者への対応を学ぶ機会が少ない。また，乳児の個別保育や社会的養護の専門性が弱い。さらには，児童福祉法に定められた資格であるものの，社会福祉専門領域の習得に課題が残る。
- 介護福祉士資格との基礎部分の共通化，幼稚園教諭との資格・免許の共通化が求められているため，主たる資格の専門性が見えにくい。
- 介護支援専門員（ケアマネジャー）のような上級資格や，職場内でのキャリアアップの仕組みが確立されていない。

　保育・子育て支援を担う専門職である保育士資格のこのような課題を克服するためには，独自の資格法制定や国家試験導入も視野に入れ，キャリアアップ資格の創設や資格の階層化，就学前保育・社会的養護・障害児療育・

子育て支援など資格の構造化や分化等の検討が必要とされている。[10]

（5）子ども家庭支援において保育者に求められるもの

「教育・保育施設」には，地域における子ども・子育て支援の中核的な役割を担うことが期待されている。以下，保育所を中心とする「教育・保育施設」における子ども家庭支援を担う保育者に求められる事項についてまとめてみたい。

「保育所保育指針」では，保育所における子育て支援は，保育所の特性や保育士等の専門性を活かして行うこととされ，その内容は以下の通りである。

- 日常の保育を活用した子育て支援（さまざまな機会を活用して保護者との相互理解を図るなど）
- 保護者自身の親育ちの支援（保育への参加を促し保護者の自ら子育てを実践する力の向上を図るなど）
- 保護者の就労と子育ての両立等支援（病児保育や延長保育等多様な保育ニーズへの対応など）
- さまざまな養育課題に対する個別支援

保育士が行う保育の専門性を基盤とする子育て支援として，児童福祉法に規定される保育士の業務である「子どもの保護者に対する保育に関する指導」は，「保育所保育指針解説」で以下のように定義されている。[11]

　「子どもの保護者に対する保育に関する指導とは，保護者が支援を求めている子育ての問題や課題に対して，保護者の気持ちを受け止めつつ行われる，子育てに関する相談，助言，行動見本の提示その他の援助業務の総体を指す。子どもの保育に関する専門性を有する保育士が，各家庭において安定した親子関係が築かれ，保護者の養育力の向上につなが

第8章　これからの子ども家庭支援

ることを目指して，保育の専門的知識・技術を背景としながら行うものである。」（第4章）

保育に関する専門性については，「保育所保育指針解説」に以下の6つが示されている（第1章1（1））。

① 発達援助の知識・技術　　④ 遊びを豊かに展開する知識・技術
② 生活援助の知識・技術　　⑤ 関係構築の知識・技術
③ 環境構成の知識・技術　　⑥ 保護者に対する相談・助言の知識・技術

　近年は，障害や発達上の課題のある子ども・外国籍やひとり親家庭・貧困家庭等の特別な配慮を必要とする子ども・家庭，育児不安・不適切な養育や虐待等の保育の専門性だけでは対応しきれない状況が増加している。こうした保育の専門性を基盤としながらも，内容によっては，ソーシャルワークやカウンセリングなどの専門的知識や技術を用いることや，関連専門機関との連携を図ることが必要となるケースがある。また，保育所全体での共通理解と役割分担のもと，組織的な対応を行うことが重要となる。
　子育て支援を担う保育者に求められる資質としては，以下の「支援者の役割[12]」が参考になる。

　　支援者に求められる役割は，親と子どもの最大の理解者であり，日常生活における身近な「話し相手」「遊び相手」であり，地域の人と人との関係を紡ぎだすことである。支援者は利用者を温かく迎え入れ，利用者同士がお互いに支え合い，育みあえる関係づくりに取り組むことが重要である。また，他の専門職との連携やネットワークづくり，ボランティアとの交流など，積極的に地域交流の可能性を拡大するようにも努

めること。

　　　1）温かく迎え入れる　　　　4）利用者と地域をつなぐ
　　　2）身近な相談相手であること　5）支援者が積極的に地域に出向く
　　　3）利用者同士をつなぐ

　子育て支援において求められる「つなぐ」役割は，保育の専門性の一つである「関係構築の知識・技術」として，保育実践においても重視される。次のような「つなぐ」力が，保育者が子ども家庭支援において発揮する専門性として期待される。

　　・受容的・応答的な関わりの下で，子どもと自らを信頼関係でつなぎ，子どもの主体性や意欲を育む。
　　・子ども同士の関係を「仲立ち」して，子どもと子どもをつなぎ，望ましい集団経験を導く。
　　・子どもと保護者をつなぎ，よりよい親子関係の形成を促す。
　　・保護者同士をつなぎ，さらには子ども・保護者を地域とつなぎ，子育ち・子育てを支え合うコミュニティづくりに寄与する。

　こうした専門性は，日常の保育や保護者との連絡・連携において保護者を指導する，保護者に教えるというよりも，さりげない配慮によって，子育てを支えつつ保護者自身の親としての育ちを支えることで，保護者の気づきを促すものである。
　汐見稔幸は，〈親教育〉と〈子育て支援〉が厳密に区別されないまま通用し，一部に「親としての自覚をもっとしっかり持ってもらわなければ困る」「親の自覚を高める教育が必要だ」と主張する人が少なくない状況に対して，次のように述べている。[13]

第8章 これからの子ども家庭支援

　結果としての育児行為だけをみれば，親としてしっかりしてほしいと
注文をつけたくなる気持ちになることもわからないわけではない。しか
し，困難を抱えている人への関わり方には基本的に二種類あることが，
ここで想起されなければならない。一つは，その人の内面に働きかけて
その人の変容をはかること，もう一つはその人がよりよく生きるための，
主として外的条件を整えてその人自身の努力を支えることである。前者
は「教育」，後者は「福祉」と一般には言われるが，困難を抱えている
人に対しては，後者の働きかけを十全に行って，その人自身が自己変容
を遂げる精神的ゆとりを獲得した上でなければ，前者の効果は期待する
ようには上がらない。〜中略〜後者の働きかけを〈子育て支援〉という
とすると，子育て支援は福祉的視点を豊かに持つことによって，教育的
支援である家庭教育の重視ということとつながっていくということを明
確にしておかねばならない。そうした形で両者は統一されなければなら
ないのである。

　このように，「福祉」と「教育」の融合は，子どもに対する保育だけでな
く，保護者に対する子育て支援においても重要な視点となる。その根底にあ
るのは，子どもや親に対するあたたかい眼差しであり，「地域及び社会全体
が，子育て中の保護者の気持ちを受け止め，寄り添い，支えることを通じ，
保護者が子育てに不安や負担ではなく喜びや生きがいを感じることができ，
そして未来の社会をつくり，担う存在である全ての子どもが大事にされ，健
やかに成長できるような社会，すなわち『子どもの最善の利益』が実現され
る社会」（「基本指針」）に不可欠なものといえよう。

3　本章のまとめ

　子育ち・子育てを社会全体で支援し，「孤立，競争，不安」の子育てでは

なく，「連帯と協働，安心」の子育てができるように，支え合って共に生きるコミュニティづくりについて検討していくことが望まれる。新たな世代の子どもと家庭支援には，身近な地域で切れ目のない支援を各関係機関が連携・協働して行う重層的なシステムを構築していくべきだと考える。

　そして，すべての子どもの健やかな育ちを保障するために，発達段階に応じた質の高い教育・保育と子育て支援を提供していくことが求められるのであり，その重要な担い手である保育者の専門性・資質のさらなる向上が課題となる。

─── **さらに考えてみよう** ───

① 支え合って共に生きるコミュニティづくりのために，保育所等の教育・保育施設や保育者に何ができるか考えてみよう。
② 子ども家庭支援における保育者の役割について，これまでの学びを踏まえてまとめてみよう。

注
(1) 「教育・保育及び地域子ども・子育て支援事業の提供体制の整備並びに子ども・子育て支援給付並びに地域子ども・子育て支援事業及び仕事・子育て両立支援事業の円滑な実施を確保するための基本的な指針」（平成26年内閣府告示第159号）
(2) 厚生労働省「平成28年 国民生活基礎調査の概況」2016年。
(3) 柏女霊峰・橋本真紀『子ども・子育て支援新制度 利用者支援事業の手引き』第一法規，2015年，24頁。
(4) 大日向雅美「子育て支援のこれまでとこれから──新たなステージを迎えて」『発達』140，2-9頁，2014年。
(5) 柏女霊峰『これからの子ども・子育て支援を考える──共生社会の創出をめざして』ミネルヴァ書房，2017年，14-16頁。
(6) 社会保障審議会児童部会・新たな子ども家庭福祉のあり方に関する専門委員会「報告（提言）」2016年。
(7) 厚生労働省雇用均等・児童家庭局長通知「市町村子ども家庭支援指針（ガイド

ライン）」平成29年 3 月31日雇児発0331第47号。

⑻　汐見稔幸・橋本真紀「序　子育て支援員について」子育て支援員研修テキスト刊行委員会編集『子育て支援員研修テキスト』中央法規出版，2017年，1 - 8 頁。

⑼　吉田眞理「子育て支援サービスの課題」児童育成協会監修，新保幸男・小林理編『家庭支援論　第 2 版』中央法規出版，2017年，180頁。

⑽　前掲⑸，70-77頁。

⑾　厚生労働省『保育所保育指針解説』2018年。

⑿　渡辺顕一郎・橋本真紀編著，NPO 法人子育てひろば全国連絡協議会編『詳解地域子育て支援拠点ガイドラインの手引 第 3 版――子ども家庭福祉の制度・実践を踏まえて』中央法規出版，2018年，70頁。

⒀　汐見稔幸「現代の家庭と子育て」高橋重宏監修，児童福祉法60周年記念全国子ども家庭福祉会議実行委員会編『日本の子ども家庭福祉――児童福祉法制定60年の歩み』明石書店，2007年，81-90頁。

参考文献

秋田喜代美・馬場耕一郎監修，矢萩恭子編『保育士等キャリアアップ研修テキスト 6 保護者支援・子育て支援』中央法規出版，2018年。

大豆生田啓友・太田光洋・森上史朗編『よくわかる子育て支援・家庭支援論』ミネルヴァ書房，2014年。

柏女霊峰・橋本真紀『子ども・子育て支援新制度 利用者支援事業の手引き』第一法規，2015年。

柏女霊峰『これからの子ども・子育て支援を考える――共生社会の創出をめざして』ミネルヴァ書房，2017年。

公益財団法人児童育成協会監修，新保幸男・小林理編『家庭支援論　第 2 版』中央法規出版，2017年。

渡辺顕一郎・橋本真紀編著，NPO 法人子育てひろば全国連絡協議会編『詳解地域子育て支援拠点ガイドラインの手引（第 3 版）――子ども家庭福祉の制度・実践を踏まえて』中央法規出版，2018年。

── コラム8　お母さんと母子生活支援施設の職員の関わり ──

　お母さんから，「仕事で帰宅が遅くなるので保育所に子どもをお迎えに行ってほしい」と連絡があり，職員がお迎えに行くこととなる。職員はお母さんを「お帰りなさい」と出迎え，保育所や帰宅後の施設の預かり保育での子どもの様子を話すが，お母さんは聞く耳を持たず疲れている様子である。その姿を見て職員は「お母さん，お疲れ様です」と言うと，お母さんは顔を上げ「あー，疲れた」「今日仕事でね……」と話し始める。子どもはお母さんに「ねえ，まだ？　お腹空いた」と何度も訴えるが聞いてもらえず，子どもの声もどんどん大きくなるばかりで，職員もどうしたらよいかわからず困り始めるが，お母さんは話し続けるのである。

　職員がお母さんにまた今度ゆっくり話しましょうと伝えると，お母さんは渋々居室に帰って行きました。しかし，子どもが寝静まった頃にお母さんが職員のところに来て再び話の続きを始めた。ずいぶん遅い時間で，翌日もお母さんは仕事なので，職員は，今日は子どもの話をするのではなく，お母さんの話を優先して聞くことが大事だと思いしばらく話を聞いた。翌朝，「昨日はどうも」と言い，出勤するお母さんを見て，忙しいお母さんにとって，あの会話も貴重な時間だったのだと職員は実感したのである。

索　引

あ　行

愛着関係　179
愛着形成　167
アウトリーチ　150
アセスメント　84,183
育児サークル　146
育児の孤立化　39
育児の社会化　47,50
育児不安　199
一時預かり保育　148
一時保護所　130
1.57ショック　63
海野幸徳　41
援助　17,18
エンゼルプラン　63
エンパワメント　14,188
オグバーン，W.F.　30
親教育　210

か　行

外国籍の家庭　72
核家族　28,31,94
　　——化　36,39,142
拡大家族　28,31
家事労働　35
　　——時間　36
家族　27
　　——機能　29,31
　　——形態の多様化　32
価値　99
家庭　27

——委託　45
家庭児童相談室　109,133
川上貫一　44
完結出生児数　32
虐待の世代間連鎖　170
切れ目のない支援　202
緊急保育対策5か年事業　63
ケア　4,13
傾聴　174
ケースカンファレンス　130,184
限局性学習症→SLD
コーディネーター　151
コーディネート　109
国際障害分類→ICIDH
国際生活機能分類→ICF
国際ソーシャルワーカー連盟→IFSW
国際ソーシャルワーク学校連盟→IASSW
子育て　200
　　——援助活動支援事業　117
　　——サロン　146
　　——の孤立化　37
子育て支援　10,21,22,200,210
　　——員　205
　　——事業　59
　　——施策　204
　　地域の——　38,39
子育て世代包括支援センター　114,196,
　　201-203
子ども・子育て支援新制度　196
子ども・子育て支援法　61,196,199
子ども・子育てビジョン　65
子どもが主人公（チルドレン・ファースト）

215

65

子ども家庭支援　21,22

　　——の対象　77

　　——の展開過程　84

子ども権利条約→児童の権利に関する条約

子ども食堂　122

子どもの最善の利益　55,101

　　——の尊重　140

子どもの定義　55

子どもの貧困率　197

子どもを守る地域ネットワーク　111

個別ケース検討会議　119

個別面接　136

こんにちは赤ちゃん事業→乳児家庭全戸訪問

　　事業

さ　行

在留外国人　181

「在留外国人統計」　181

里親委託率　49

3歳児神話　198

　　——者の役割　209

市区町村子ども家庭総合支援拠点　203

仕事と生活の両立　33,36,48,51

　　——支援　51

次世代育成支援　43,51

　　——対策推進法　64

事前評価→アセスメント

「市町村子ども家庭支援指針」　21

児童委員　11,109,133

児童虐待　40,163

　　——相談件数　63

　　——に係る通告義務　125

　　——の早期発見の努力義務　125

　　——の防止等に関する法律　63,163

　　——防止法→児童虐待の防止等に関する法

　　律

児童憲章　58

児童相談所　47,110,130,134,172,204

児童の権利に関する条約　7,58,101

児童の権利に関する宣言　58

児童の貧困問題　45,46

児童貧困　40

児童福祉法　58,95

　　——等の一部を改正する法律　101

自閉スペクトラム症　157

社会関係　2

社会事業　47

　　——法　44

社会資源　107,150

社会生活上の困難　3

社会的扶養　46

社会的養護　49

社会福祉の対象　2

守秘義務　111,139

受容　174

受容的態度　137

受容的な関わり　103

巡回支援専門員整備事業　119

障害児等療育支援事業　119

少子化社会対策大綱　195

少子化対策プラスワン　64

小舎制度　45

少年指導員　189

職場内連携　173

自立支援計画　184

新エンゼルプラン　64

身体障害　156

身体的虐待　164,169

信用失墜行為の禁止　99

信頼関係の形成　102

心理的虐待　165

心理的暴力　169

スクールカウンセラー　121

索　引

スクールソーシャルワーカー　121
すくすくサポート・プロジェクト　176
ステップファミリー　28, 178
生活　2
　──困難　3
精神障害　156
生存権　2
性的虐待　164
性別役割分業　33, 35, 43
世帯規模の縮小　32
「全国ひとり親世帯等調査結果」　176
全国保育士会倫理綱領　10, 13
ソーシャルアクション　13
ソーシャルワーカー　14, 79, 80, 82, 83
　──の倫理綱領　14
ソーシャルワーク　8, 14, 15, 71, 135
　──専門職のグローバル定義　14
　──に関わる基本的事項　140
　──に関わる業務　79, 81
　──の機能・役割　75, 81, 88
　──の基本的な知識・技術　72
　──の種類・内容　73
　──の展開過程　84
ソーシャルワークを援用した子ども家庭支援
　75, 85, 88
　──の展開過程　83

た　行

体験保育　148
対象　2
　──者　2
高田慎吾　41, 44
多重就労　35
男女共同参画社会　198
地域共生社会　206
地域子育て支援　151
地域子育て支援拠点　115

　──事業　115, 142, 145, 201
　──担当保育士　122
地域子ども・子育て支援事業　117, 143
地域コミュニティの相互扶助の脆弱化　94
地域包括的・継続的支援　202
地縁の希薄化　36
知的障害　155
注意欠如・多動症→ADHD
「つなぐ」力　210
ドキュメンテーション　50

な　行

日本国憲法　57
乳児家庭全戸訪問事業　109, 118
妊婦健康診査　168
ネグレクト　164
ネットワーク　152
　児童虐待防止の──　119
　発達支援の──　119
　母子保健の──　118

は　行

配偶者からの暴力　176
バイスティックの7原則　140, 161
パーソンズ, T.　29
母親規範意識　198
非正規雇用　34
ひとり親家庭　72, 176
秘密保持義務　100
貧困の世代間連鎖　197
ファミリー・サポート・センター　117
福祉事務所　108, 130, 133, 172, 185
「福祉」と「教育」の融合　211
不適切な関わり　149, 178
プライバシーの保護　139
保育士資格　95
保育者とソーシャルワーク　74

217

保育者の専門性　206
保育所等訪問支援　114, 119
保育所における子育て支援　208
保育所保育指針　4, 145
保育に関する専門性　209
保育の勧奨　8
保育の実施義務　8
放課後等デイサービス　114
補完保育　187
保健センター　161
保護者に対する支援　10
保護者の自己決定　138
保護者の自己選択　138
保護の怠慢・拒否→ネグレクト
母子及び父子並びに寡婦福祉法　177
母子健康手帳　167
母子健康包括支援センター　114
母子支援員　189
母子生活支援施設　183, 185
ポートフォリオ　50
ホームスタート事業　118

ま　行

マードック, G. P.　30
継親　179
マルトリートメント　173
未婚の母　176
民生委員　11, 109, 133
面前 DV　163

や　行

優生学　46

養育支援訪問事業　109, 118
要支援児童等の市町村への情報提供の努力義
　　務　126
幼児教育の無償化　196
幼稚園教育要領　145
幼保一元化　41
　　──論　42
要保護児童　111
　　──施策　204
　　──対策地域協議会　111, 173, 203
幼保連携型認定こども園教育・保育要領
　　146

ら・わ行

ライフスタイルの多様化　95
療育センター　161
利用者支援事業　201
臨床心理士　188
倫理　99
　　──綱領　100
ワーク・ライフ・バランス　48, 52, 198

欧　文

ADHD　157
DEWKS　29
DINKS　29
IASSW　14
ICF　154
ICIDH　154
IFSW　14
SLD　158
WLB→ワーク・ライフ・バランス

著者紹介 （所属, 執筆分担, 執筆順, ＊は編者）

＊橋本好市 （編著者紹介参照：第1章）

浦田雅夫 （大阪成蹊大学教育学部教授：コラム1）

大城亜水 （神戸常盤大学教育学部専任講師：第2章・コラム2）

明柴聰史 （富山短期大学幼児教育学科講師：第3章・コラム6）

河野清志 （大阪大谷大学教育学部准教授：コラム3・第5章）

＊直島正樹 （編著者紹介参照：第4章・第7章1・8）

向井秀幸 （大阪成蹊短期大学幼児教育学科専任講師：コラム4・第7章1・2）

高野亜紀子 （東北福祉大学総合福祉学部講師：コラム5・第7章2・4～6）

越智紀子 （花園大学社会福祉学部専任講師：第6章）

杉山宗尚 （頌栄短期大学保育科准教授：第7章3）

久保田美沙子 （大妻女子大学家政学部助教：第7章7・コラム8）

藪　一裕 （大阪総合保育大学児童保育学部講師：コラム7）

宮田　徹 （富山国際大学子ども育成学部教授：第8章）

編著者紹介

橋本好市（はしもと・こういち）

1967年生まれ。
1999年　大阪市立大学大学院生活科学研究科人間福祉学専攻修了。
現　在　神戸常盤大学教育学部教授。社会福祉士。
主　著　『ソーシャルインクルージョンのための障害児保育』（共編著）ミネルヴァ書房，2014年。
　　　　『本当に知りたいことがわかる！保育所・施設実習ハンドブック』（共編著）ミネルヴァ書房，2016年。

直島正樹（なおしま・まさき）

1974年生まれ。
2005年　関西学院大学大学院社会学研究科社会福祉学専攻修了。
現　在　相愛大学人間発達学部教授。社会福祉士。
主　著　『保育実践に求められるソーシャルワーク』（共編著）ミネルヴァ書房，2012年。
　　　　『図解で学ぶ保育 社会福祉 第2版』（共編著）萌文書林，2017年。

保育実践に求められる子ども家庭支援

2019年10月20日　初版第1刷発行	〈検印省略〉
2022年1月10日　初版第2刷発行	

定価はカバーに
表示しています

編　著　者	橋　本　好　市
	直　島　正　樹
発　行　者	杉　田　啓　三
印　刷　者	坂　本　喜　杏

発行所　株式会社　ミネルヴァ書房
607-8494　京都市山科区日ノ岡堤谷町1
電話代表　（075）581-5191
振替口座　01020-0-8076

© 橋本・直島ほか，2019　冨山房インターナショナル・藤沢製本

ISBN 978-4-623-08725-9
Printed in Japan

保育実践に求められるソーシャルワーク

橋本好市・直島正樹 編著

A 5 判／236頁／本体2500円

ソーシャルインクルージョンのための
障害児保育

堀智晴・橋本好市・直島正樹 編著

A 5 判／242頁／本体2500円

本当に知りたいことがわかる！
保育所・施設実習ハンドブック

小原敏郎・直島正樹・橋本好市・三浦主博 編著

A 5 判／276頁／本体2600円

子どものニーズをみつめる
児童養護施設のあゆみ

大江ひろみ・山辺朗子・石塚かおる 編著

A 5 判／304頁／本体3000円

里親のためのペアレントトレーニング

武田建・米沢普子 著

四六判／236頁／本体2000円

ミネルヴァ書房

http://www.minervashobo.co.jp/